KB273924

하멜 표류기

세계교양전집 52

하멜 표류기

헨드릭 하멜 지음
최유경 옮김

올리버

헨드릭 하멜Hendrik Hamel

· 차례 ·

이 내용은 네덜란드 동인도회사 소유 스페르베르Sperwer호의 선장과 선원들이 겪은 운명을 기록한 일지이다. 이 스페르베르 호가 조선국의 해안 남쪽에 위치하며, 조선 국왕의 영토인 켈파르트섬(제주도) 연안에서 난파된 1653년 8월 16일부터, 여덟 명의 생존자가 일본의 나가사키에 도착한 1666년 9월까지의 기간 동안 일어난 이야기며, 조선국의 민족과 나라에 대한 설명도 포함하고 있다.

하멜 일지

난파

　우리는 총독 각하와 동인도 평의회의 명령*에 따라 파견된 후, 스페르베르호를 타고 1653년 6월 18일, 바타비아**를 떠나 타요안***을 목적지로 항해를 시작했다. 일행 중 한 명은 코르넬리스 케이사르로, 그는 니콜라스 베르뷔르흐의 뒤를 이어 포모사****의 총독직을 맡게 될 예정이었다. 순조로운 항해 끝에, 이 배는 7월 16일 포모사의 정박지에 도착하여 케이사르는 배에서 내리고 화물도 내렸다. 7월 30일, 우리 배는 포모사의 총독과 평의회의 명령에 따라 야판(일본)을 향해 출항했다. 우리는 하나님

---

* 타이완(대만)의 신임 총독을 데려다주고, 일본과의 교역을 수행할 것.
** 지금의 인도네시아 자카르타 지역으로, 당시 네덜란드 동인도회사의 근거지이다.
*** 타이완의 해안도시 타이난.
**** 타이완의 옛 명칭으로, 포르투갈어로 '아름다운 섬'이라는 뜻이다.

의 이름으로 여정을 계속 이어갔다.

7월 마지막 날은 날씨가 좋았지만, 저녁에는 포모사 해안에서 폭풍이 몰려오더니 밤새 더 심해졌다. 8월 1일 새벽에 우리는 작은 섬 근처에 있었다. 그 섬 뒤에 닻을 내려서 바람을 피하려고 최선을 다했다. 결국 위험을 무릅쓰고 닻을 내렸지만, 뒤에 큰 암초가 있어 파도가 암초에 세게 부딪히고 있었기에 닻줄을 많이 풀 수가 없었다. 선장이 그 섬을 발견한 것은 정말 우연이었다. 다행히 그때 배 고물* 쪽 창문으로 밖을 내다보고 있었던 것이다. 그렇지 않았다면 우리는 그 섬에 그대로 부딪혀 배를 잃었을 것이다. 너무 어두워 잘 보이지 않았지만, 나중에 보니 우리 배는 그 섬에서 머스킷(화승총)**의 사정거리 정도밖에 떨어져 있지 않았다.

아침이 되자, 우리는 중국 땅이 매우 가까이 있다는 것을 알았다. 해변에는 무장한 중국 군인들이 서 있었다. 그들은 우리 배가 좌초되길 바라는 듯 지켜보고 있었다. 하지만 신의 도움으로 그런 사고는 나지 않았다. 그날 폭풍은 더 심해졌다. 우리는 그날 하루 종일, 그리고 그다음 날 밤까지 닻을 내리고 그 자리

---

* 고물은 배의 뒷부분. 이물은 배의 앞부분.
** 머스킷Musket은 화승총에서 개량되어 16~19세기에 널리 쓰인 총기로, 사정거리에 대한 해석은 100m, 120m, 250m, 400m 등으로 다양하다.

에 머물렀다. 8월 2일, 날씨가 아주 고요해졌다. 하지만 여전히 다수의 중국인이 해변에 나타났다. 그들은 마치 먹이를 노리는 굶주린 늑대처럼 보였다.

우리는 닻과 닻줄 때문에 말썽이 계속 나서, 더 큰 문제가 생기기 전에 닻을 올리고 다시 떠나기로 했다. 그렇게 하면 더 이상 닻이나 닻줄 문제에 시달리지 않고 무사히 해안에서 벗어날 수 있으리라 생각했다. 그날과 그다음 날은 바람이 거의 없었다. 8월 3일에 우리는 해류가 우리를 20마일(약 148킬로미터)* 뒤로 밀어냈음을 발견했고, 포모사 해안이 다시 보였다. 우리는 양쪽, 즉 중국과 포모사 사이로 항로를 정했다. 4일부터 11일까지는 매우 조용하고 잔잔한 날씨가 많았고, 우리는 중국 해안과 포모사 사이에서 표류했다. 8월 11일에는 남동쪽에서 불어오는 맹렬한 바람을 다시 만나게 되었다. 그래서 우리는 동북동 방향으로 항로를 잡았다. 12일부터 14일까지는 바람과 비로 날씨가 점점 더 나빠졌고, 그래서 돛을 올릴 수 있는 날도 있었고 그럴 수 없는 날도 있었다. 바다는 너무 거칠어졌고 방향을 잡을 수 없었기 때문에, 우리는 어느 한쪽 해안에 난파되는 것을 막기 위해 돛 없이 떠다닐 수밖에 없었다. 15일에는 바람이 너무 거세 바다

---

* 마일mijl은 17세기 네덜란드·독일 항해사들이 쓰던 단위로, 철자는 영어와 다르지만 읽는 것은 '마일'로 같다. 1마일은 약 7.42킬로미터이다.

의 포효 소리 때문에 서로 말도 할 수 없었다. 돛은 거의 올릴 수 없었고 배에는 물이 새기 시작했다. 우리는 물이 차기 전에 쉴 새 없이 펌프질을 해야 했다. 거친 바다에서 배 위로 큰 파도가 덮칠 때마다 우리는 배가 가라앉을지도 모른다고 생각했다.

해 질 무렵, 거센 파도가 배를 덮치며 고물을 거의 휩쓸어 버릴 뻔했다. 그 충격으로 뱃머리의 돛대가 흔들리며 떨어져 나갈 위기에 처했다. 우리는 온 힘을 다해 그것을 다시 고정하려 했지만, 배가 심하게 요동치고 파도가 계속 들이쳐 모든 노력이 수포로 돌아갔다. 거친 파도를 피할 다른 방도가 없었던 우리는, 삼각돛을 조금 올려 보는 것이 최선이라 생각했다. 그렇게 하면 우리 자신과 배, 그리고 선적된 물품을 조금이나마 지킬 수 있고, 높은 파도의 위세에서 다소 벗어날 수 있으리라 믿었다. 그것이 신의 도우심을 제외하면 우리가 취할 수 있는 가장 나은 선택이라 여겼다. 그러나 갑자기 거대한 파도가 배의 뒤편에서 들이닥쳤고, 삼각돛을 올리던 선원들이 전부 바다로 휩쓸릴 뻔했다. 배 안은 순식간에 물로 가득 차 버렸다.

이에 선장이 외쳤다. "여러분, 신을 마음에 새기십시오." 그렇게 파도가 두 차례 더 우리를 강타했고, 우리는 이제 확실히 죽을 것이라 생각했다. 더 이상 막을 수가 없었다.

한밤중, 두 번째 당직 교대 시간이 되었을 때 망루의 파수꾼이 외쳤다. "육지다!" 우리는 그때 이미 해안에서 불과 화승총의 사거리 정도밖에 떨어져 있지 않았다. 짙은 어둠과 폭우 때문에 일찍 알아차리지 못했던 것이다. 키가 이미 말을 듣지 않게 되어, 우리는 급히 닻을 내렸다. 하지만 거센 파도와 깊은 수심, 그리고 맹렬한 바람 탓에 닻이 걸리지 않았다. 순식간에 배는 세 차례의 강한 충격과 함께 해안에 부딪혔고, 완전히 산산조각이 나 버렸다.

갑판 아래 침상에 있던 사람들 중 일부에게는 목숨을 구하기 위해 갑판 위로 몸을 던져 볼 마지막 기회조차 주어지지 않았다. 갑판에 있던 사람들 중 일부는 바다로 뛰어들었고, 다른 이들은 파도에 이리저리 휩쓸렸다. 해안에 도달했을 때 우리 생존자는 열다섯 명이었고, 대부분 벌거벗은 상태였으며, 심하게 부상을 입고 있었다. 처음에는 더 이상 살아남은 사람이 없다고 생각했지만, 바위에 앉아 있을 때 잔해 속에 남아 있던 사람들의 신음 소리가 계속해서 들려왔다. 하지만 짙은 어둠 속에서 우리는 그들을 찾을 수도, 도울 수도 없었다.

켈파르트섬에 머물다

16일 동틀 무렵, 그나마 움직일 수 있는 사람들은 해변을 따라 걸으며, 더 많은 사람들이 밀려와 있는지 확인하려고 소리쳐 봤다. 여기저기서 몇몇이 나타났다. 생존자는 겨우 서른여섯 명이었고, 앞서 말했듯이 그들 대부분은 상당한 부상을 입은 상태였다. 우리는 난파선을 살펴보았다. 거기서 두 개의 큰 들보 사이에 낀 남자를 발견했다. 우리는 즉시 그를 구조했지만, 그는 몸이 심하게 짓눌렸기에 3시간 후에 죽고 말았다.

우리는 서로를 바라보며 깊은 슬픔을 느꼈다. 15분도 채 되지 않아 아름다운 배는 산산조각이 났고, 승선 인원은 예순네 명에서 서른여섯 명으로 줄어들었다. 우리는 시신이 해변으로 떠밀려 왔는지 확인하기 위해 수색에 나섰다. 암스테르담 출신 선장

레이니어 에흐베르츠의 시신은 바닷가에서 약 10~12바뎀*(약 17~8미터) 떨어진 곳에서 발견되었으며, 한쪽 팔이 머리 밑에 깔린 상태였다. 우리는 그를 즉시 매장했고, 해안 곳곳에서 발견한 선원 일곱 명도 함께 묻었다. 우리는 해안으로 떠밀려 온 식량이 있을지 모른다는 생각에 주위를 살펴보았다.

지난 2~3일 동안 날씨가 너무 거칠어서 요리사는 음식을 만들 수 없었고, 우리는 거의 아무것도 먹지 못했다. 우리는 밀가루 한 포대와 고기가 담긴 통 하나, 베이컨이 들어 있는 통 하나를 발견했으며, 그 외에 달콤한 스페인 와인이 담긴 작은 상자

---

* 라틴어에서 유래한 낱말로 원래는 '양팔을 벌려 뻗은 길이'라는 뜻이다. 주로 수심을 재는 단위로 쓰인다. 1바뎀vadem은 약 1.8미터이다.

하나도 찾았다. 이 와인은 부상자들에게 큰 도움이 되었다.

사실 우리에게 가장 절실한 것은 불이었다. 주위에 살아 있는 생명체가 보이지 않았기에 우리는 이곳이 무인도라고 생각했다. 정오 무렵, 비바람이 잦아들자 우리는 배에서 많은 짐을 육지로 옮겼고, 돛의 찢어진 조각 몇 개를 이용해 천막도 만들었다.

17일, 우리는 이 비참한 상황 속에서 우리를 도와줄 사람이 없는지 주위를 둘러보았다. 그리고 혹시라도 있다면 그들이 일본인이기를 바랐다. 우리 배는 산산조각이 나서 수리가 불가능했기 때문에, 본국으로 돌아갈 수 있는 유일한 방법은 그들의 도움뿐이었다. 정오가 되기 전, 우리는 천막에서 대포의 사정거리(약 4~500미터) 정도 떨어진 곳에서 사람의 모습을 발견했다. 우리는 그에게 손짓했지만, 그는 우리를 보자마자 황급히 달아났다.

정오가 조금 지난 뒤, 또 다른 세 사람이 우리 막사 근처까지 다가왔다. 화승총 사거리 정도였다. 그러나 그들은 우리가 보내는 신호와 몸짓을 이해하려 하지 않았다. 우리는 불씨가 절실했기에 결국 한 사람이 용기를 내어 그들에게 다가가 총으로 위협하여 불을 얻었다. 그들은 옷차림이 중국인 같았으나 말총으로 만든 모자를 쓰고 있어 우리를 불안하게 만들었다. 우리는 그들이 해적 무리이거나 추방된 중국인 집단일지도 모른다고 생각하며 두려워했다.

석양이 내릴 무렵, 무기를 든 대략 100여 명의 사람들이 막사로 다가왔다. 그들은 우리의 수를 헤아린 후, 밤새도록 막사 둘레를 순찰하며 경계했다.

18일 새벽, 그들은 대형 천막을 설치하기 시작했고, 한낮이 되자 1천 명에서 2천 명 정도의 인원이 출현했다. 일부는 기병이었고, 일부는 보병이었다. 그들은 우리 막사 주변에 병력을 배치하고 대오를 정비한 뒤, 서기*, 일등항해사, 이등갑판장, 선실 잡부를 체포하여 막사에서 화승총 사거리만큼 떨어진 곳의 그들의 우두머리에게 끌고 갔다. 이들의 목에는 쇠사슬이 채워졌고, 그 사슬에는 네덜란드에서 양에게 다는 것과 같은 종이 달려 있었다. 이들은 손발로 기는 자세를 취해야 했고, 지휘관 앞에서 이마가 땅바닥에 닿도록 엎드렸다. 그러자 병사들이 귓속을 찢을 듯한 함성을 터뜨렸다. 우리의 몸에 한기가 돌았다. 막사 내부나 근처에 머물던 우리 동료들은 이 장면을 목격하고 이렇게 말했다.

"우리 지휘관들이 먼저 처형될 것이다. 그리고 머지않아 우리도 그렇게 되겠지."

얼마 뒤 그들은 우리 동료들에게 무릎을 꿇고 앉아도 좋다는

---

* 서기는 회계 업무를 담당하는 사람으로 장교급이다.

신호를 보냈다. 그쪽 지휘관이 몇 가지 질문을 던졌지만, 우리 동료들은 그의 말을 전혀 이해할 수 없었다. 동료들은 손짓과 몸짓을 동원해 우리가 일본의 나가사키로 가고자 함을 필사적으로 표현했지만, 아무 소용이 없었다. 서로의 말을 전혀 이해하지 못했다. 그들은 '야판(일본)'이라는 단어를 알지 못했고, 그 나라를 '왜나라' 또는 '릴폰'이라고 부르고 있었다. 지휘관은 우리 동료들에게 아락*을 한 잔씩 따라주더니 이내 동료들을 우리 막사로 돌려보냈다. 그러고는 곧 막사 안으로 따라 들어와 우리에게 먹을 것이 있는지 샅샅이 살폈다. 그들이 찾아낸 것은 앞서 언급

---

* 아락Arak은 인도네시아의 전통주를 말하는데, 여기서는 한국의 전통주인 소주를 말하는 듯하다.

했던 고기와 베이컨이 반쯤 남아 있는 통 두 개뿐이었다. 그들은 이 물품들을 곧바로 지휘관에게 가져가 보여 주었다.

1시간쯤 지나자, 그들은 우리에게 물에 끓인 아주 소량의 죽을 가져다주었다. 우리가 굶주린 상태임을 알고, 많이 먹으면 탈이 날까 염려했기 때문이다.

정오를 조금 넘긴 시각, 여러 명의 남자가 밧줄을 들고 우리에게 다가왔다. 우리는 그들이 우리를 포박하여 죽이려 한다고 생각해 극도의 공포를 느꼈다. 하지만 그들은 큰 소리를 지르며 난파된 배 쪽으로 가더니, 아직 쓸 만한 물건들을 육지로 옮기기 시작했다. 밤이 되자 그들은 우리에게 다시 약간의 밥을 제공했다. 다음 날 정오 무렵, 우리 항해사가 위도를 측정하더니 우리가 북위 33도 32분에 위치한 켈파르트섬(제주도)에 표류해 있다고 알려 주었다.

19일에도 그들은 계속해서 난파된 배의 물건들을 육지로 옮기고 말리는 작업을 했다. 쇠붙이가 박힌 나무들은 모두 불태워졌다. 우리 상급 선원들은 그들의 지휘관과 그곳에 새로 도착한 섬의 해군대장을 찾아갔다. 이들은 그 두 사람에게 망원경 하나를 바치고, 바위 사이에서 발견한 동인도회사의 은술잔과 포도주 한 항아리도 함께 선물했다. 두 사람은 그 포도주를 무척 좋아하는 듯했고, 기분이 아주 좋아질 정도로 술을 마셨다. 그러고는 우리에게 우호적인 태도를 보여 준 뒤, 우리 일행을 다시 막사로 돌려보냈다. 그들은 은술잔도 돌려주었다.

20일에는 그들이 배와 부서진 목재들을 불태워 그 속에 박힌 쇠붙이를 꺼내기 시작했다. 배가 불타는 도중에, 화약이 장전되어 있던 대포 두 문이 폭발했다. 그 폭발음에 지휘관과 병사들은 모두 깜짝 놀라 도망쳤지만, 곧 다시 돌아왔다. 그들은 손짓으로 또 다른 폭발이 일어날지를 물었고, 우리는 더 이상 그런 일은 없을 것이라고 알려 주었다. 그러자 그들은 다시 작업을 계속했고, 하루에 두 번씩 우리에게 음식을 가져다주었다.

21일, 그쪽 지휘관이 우리 중 몇 명을 불러 우리 막사에 남아 있는 물품들을 가져오게 한 뒤 봉인하도록 했다. 우리는 그 과정과 봉인하는 모습을 직접 지켜보았다. 우리가 자리에 앉아 있는 동안, 난파선에서 물건을 수습할 때 도둑질했던 사람들이 끌려왔다. 그들은 모피, 철 등 훔친 물건을 등에 진 채로 지휘관 앞에 끌려왔다. 지휘관은 우리 물건을 절대 훔쳐가지 못하게 할 거라는 것을 보여 주기 위해 우리 눈앞에서 그들을 처벌했다. 지휘관은 길이가 약 1바뎀 정도에 소년의 팔뚝만큼 굵은 몽둥이로 그들의 발바닥을 내리쳤다. 매를 너무 세게 맞아서 몇몇은 발가락이 떨어져 나가기도 했다. 각각 30대에서 40대의 매질을 당했다.

정오가 되니 그들은 우리가 떠날 시간이라는 신호를 보냈다. 아직 말을 탈 수 있는 이들에게는 말이 주어졌고, 부상으로 거동이 어려운 이들은 들것에 실려 옮겨졌다. 정오가 지난 뒤, 우리는 기병과 보병의 삼엄한 호위를 받으며 길을 나섰다. 밤이 되자 '타장(대정)'이라 불리는 작은 마을에 머물렀다. 거기서 간단히 허기를 달랜 뒤, 그들은 우리를 한 집으로 데려가 잠자리를 마련해 주었다. 그러나 그것은 여관이라기보다는 마치 마구간을 개조한 듯 보였다. 그날 우리는 약 4마일(30킬로미터)가량을 이동했다. 이튿날, 22일 새벽, 우리는 다시 말을 타고 길을 나섰다. 중간에 작은 성채 근처에서 식사를 했는데, 근처에 두 척의 배가 정박해 있었다. 한낮이 되어 우리는 섬의 지방관이 거주한다는 '목간(목관)'이라는 도시*에 도착했다. 사람들은 그 지방관을 '목소(목사)'라 불렀다. 도착하자마자 우리는 관청 앞의 넓은 뜰로 끌려갔고, 거기서 죽을 한 그릇씩 받았다. 모두가 그것이 우리의 마지막 식사가 될 것이라 생각했고, 이제 곧 죽게 되리라 여겼다.

---

* 목관牧官은 조선시대 지방의 목牧을 다스리던 관리를 말하는데, 여기서는 제주목의 관청(관아)을 뜻하는 듯하다. '목사'는 목牧의 행정 책임자, 지휘관이다. 하멜이 도시라고 한 것은 잘못 이해한 것이다.

해안에는 약 3천 명의 무장 병사들이 총을 든 채 늘어서 있었는데, 그들의 복장은 중국인이나 일본인을 닮아 있었다. 우리는 그런 광경을 평생 본 적도, 들은 적도 없었다.

곧 서기와 앞서 끌려갔던 세 사람이 그때와 마찬가지로 목사 앞에 끌려가 땅에 꿇어앉았다. 그들이 잠시 그렇게 있자, 목사는 큰 소리로 외치며 관청 안에 있는 큰 단상 위로 올라오라고 손짓했다. 그는 마치 왕처럼 그곳에 앉아 있었고, 그의 양옆으로 올라간 사람들이 자리에 앉자, 그들에게 손짓으로 우리 일행이 어디서 왔고 또 어디로 가고 있었는지 물었다. 우리 일행은 우리가 일본의 나가사키로 가려 했다는 것을 손짓과 말로 최대한 설명하려 했다. 그가 고개를 끄덕이는 것을 보니, 어느 정도는 이해한 것처럼 보였다. 그렇게 차근차근 나머지 일행도 네 명씩 무리를 지어 그 관리 앞에 불려가 같은 방식으로 심문을 받았다. 우리도 최선을 다해 우리가 대답하는 것이 뭘 의미하는지 설명하려 했지만, 서로의 말을 알아들을 수는 없었다.

그는 우리를 한 집으로 데려가도록 했는데, 그 집은 예전에 왕의 숙부*가 유배되어 평생을 살다가 죽은 곳이었고, 그 숙부가 유

---

* 광해군光海君이다. 1623년 인조반정으로 폐위되어 강화도로 유배되었다가 1637년 제주도로 옮겨왔고, 1641년 이곳에서 죽었다.

배된 이유는 왕을 몰아내고 나라를 차지하려 했기 때문이라고 했다. 그는 많은 병사들에게 그 집을 삼엄하게 지키도록 했으며 하루에 약 4분의 3캐티*의 쌀과 같은 양의 밀가루를 식량으로 주었다. 하지만 반찬은 거의 주지 않았기에 우리는 그 음식을 잘 먹을 수가 없었고, 반찬 대신 소금과 약간의 물로만 식사를 해야 했다.

나중에 알고 보니 그 목사는 현명하고 좋은 사람이었다. 나이는 약 70세쯤 되었고, 왕이 사는 도성 출신이었다. 궁정에서도 꽤 신망이 두터운 인물이라고 했다. 그가 우리에게 손짓으로 알려 주었는데, 국왕에게 우리를 어떻게 처리해야 할지 명령을 기다리겠다는 내용의 편지를 보냈다는 것이었다. 하지만 편지가 바다로 약 12~3마일(93킬로미터), 그리고 육지로 약 70마일(519킬로미터)이나 가야 했기에 답장이 바로 오기는 어려웠다. 그래서 우리는 쌀과 소금물만으로는 도저히 버틸 수 없으니, 가끔이라도 고기나 반찬을 조금씩만 주면 좋겠다고 그에게 부탁했다. 우리는 또한 잠깐씩의 산책과 몸과 옷을 씻을 수 있게 해 달라는 요청도 했다. 옷은 이미 얼마 남아 있지 않은 상태였다. 이 요청은 즉시 승인되었고, 우리는 여섯 명씩 교대로 외출도 할

---

* 무게 단위이다. 1캐티는 약 600그램으로, 우리의 근斤과 비슷하다.

수 있게 되었다.

그는 우리에게 자주 찾아와 그들의 언어와 우리의 언어로 이런저런 질문을 던졌고, 덕분에 우리는 비록 서툴고 불완전하지만 점차 서로 소통할 수 있게 되었다. 그는 우리가 너무 슬프지 않도록 가끔 파티나 오락을 주선했으며, 국왕의 답변이 오는 대로 나가사키로 떠날 수 있을 것이라고 격려하며 매일 우리에게 용기를 주었다. 또한 그는 부상자들을 치료해 주었는데, 이 이방인에게 받은 인도적인 대우는 많은 기독교인을 부끄럽게 할 정도였다.

10월 29일 오후, 서기, 일등항해사, 그리고 하급 선의*가 목사에게 소환되었다. 그들이 목사에게 갔을 때, 그곳에서 길고 붉은 수염을 가진 한 남자**를 발견했다. 목사가 그들에게 저 사람이 어느 나라 사람 같냐고 묻자, 그들은 '우리와 같은 홀란드(네덜란드) 사람'이라고 답했다. 이에 목사는 웃음을 터뜨리며 그가 조선 사람임을 동작과 말로 알렸다. 목사와 그들 양측 간에 많은

---

* 선의船醫는 선원들의 건강을 보살피는 일을 하는 의사를 말한다. 하급 선의는 상급 선의를 도와 선원들의 건강을 보살피는 역할이지만, 실제로는 여러 가지 잔심부름을 했다고 한다.
** 조선 인조 6년(1628)에 표류하다 제주도에 상륙한 네덜란드 사람 벨테브레이로, 우리나라 이름은 박연朴淵이다.

대화와 몸짓이 오간 후, 그때까지 침묵하던 그 남자가 매우 서툰 네덜란드어로 우리가 어느 나라 사람들이며 어디에서 왔는지 물었다. 우리는 '암스테르담에서 온 네덜란드 사람'이라고 대답했다. 이어서 그 남자는 우리가 어디에서 출발해 어디로 가고 있었던 것인지 물었다. 우리 일행은 타요안에서 나가사키로 가려 했으나, 닷새간 지속된 폭풍우로 인해 배가 좌초되어 이 섬에 표류했으며, 이제 관대한 해결책을 기대하고 있다고 대답했다.

우리 일행은 그에게 이름과 출신국, 그리고 어떻게 이곳에 오게 되었는지를 물었다. 그러자 그는 다음과 같이 답했다. "내 이름은 얀 얀세 벨테브레이이고, 더 레이프* 출신이오. 나는 1626년에 배 홀란디아호를 타고 고국을 떠났으며, 같은 해 아우웰케르크호를 타고 일본으로 가던 중 역풍 때문에 조선 해안에 좌초되었소. 우리는 물을 구하러 배를 타고 상륙했다가 세 명은 주민들에게 붙잡혔고, 다른 동료들은 즉시 달아났으며, 모선도 곧바로 떠났소." 그는 이어서 그의 두 동료는 더 레이프 출신 더크 하이스베르츠와 암스테르담 출신 얀 피터르스 베르바스트로, 17~8년 전 타타르인(청나라)이 이 나라에 쳐들어왔을 때**

* 네덜란드의 지역 이름.
** 병자호란을 말한다. 타타르는 유럽·러시아 등에서 튀르크-몽골-퉁구스 계통의 중앙아시아 및 동아시아 종족을 통칭하는 말이다.

살해되었다고 말했다.

우리 일행은 그에게 어디에 거주하는지, 어떻게 생계를 유지하는지, 그리고 이 섬에는 어찌하여 오게 되었는지 물었다. 그는 자신이 국왕의 도성(서울)에 머물고 있으며, 국왕으로부터 왕실의 돈으로 생활비를 받고 있다고 답했다. 또한, 그는 우리가 어떤 사람들이며 어떻게 이곳에 왔는지 알아보기 위해 이곳 제주도에 파견되었다고 말했다. 그는 더 나아가 자신도 국왕과 다른 고위 관리들에게 일본으로 보내 달라고 요청했으나, 이는 매번 금지되었다고 알려 주었다.

그때 그들이 말하길, 너희가 새라면 일본으로 날아갈 수 있겠지만, 이 나라는 외국인을 밖으로 내보내지 않으니, 우리가 주는 것을 먹고 주는 옷을 입으며, 이 나라에서 생을 마치라고 했다고 한다. 그는 우리를 위로하며, 그러니 우리가 국왕 앞에 간다고 해도 다른 것은 기대할 수는 없을 것이라고 했다. 이 때문에 우리는 통역이 되는 사람을 찾은 기쁨이 곧 슬픔으로 바뀌는 것을 느꼈다. 이 57~8세의 남자는 놀랍게도 자신의 모국어를 거의 잊어버려 우리도 처음엔 그의 말을 거의 이해할 수 없었으나, 우리와 함께 있으면서 한 달 만에 언어를 다시 배웠다.

앞에 언급된 모든 내용은 목사의 명령에 따라 적절히 기록되었으며, 얀 얀세에 의해 소리 내어 낭독되고 번역되었다. 이 기록은 순풍이 부는 대로 배에 태워 조정에 보내기 위한 것이었다. 목사는 첫 번째 배와 함께 조정의 답변이 올 것이며, 그 답변에 우리가 곧 일본으로 떠날 수 있다는 내용이 포함될 것이라고 말하며 우리에게 매일 새로운 용기를 주었다. 하지만 우리는 자신의 운명을 받아들여야 했다. 그는 자신의 임기가 지속되는 동안 우리에게 늘 우호적인 태도를 보였다. 목사는 앞서 언급된 벨테브레이와 그의 관리 중 한 명인 상급 감독관을 매일 방문하게 하여 일이 어떻게 진행되는지를 우리에게 알려 주게 했다.

12월 초, 목사의 3년 임기가 만료되면서 새로운 목사가 부임했다. 우리는 새로운 목사는 곧 새로운 법을 의미할 수 있다는 생각에 매우 슬퍼했는데, 실제로 그렇게 되고 말았다. 날씨가 추워지자 옷이 얼마 없었던 우리를 위해, 전임 목사는 긴 안감이 있는 두루마기 한 벌과 가죽 양말 한 켤레, 신발 한 켤레를 만들어 주어 추위로부터 몸을 보호할 수 있게 했다. 또한 그는 난파선에서 회수한 책들*과 큰 통에 담긴 기름을 한 단지 주어 우리가 겨울을 날 수 있도록 했다.

---

* 이때 스페르베르호의 항해일지를 돌려받은 듯하다.

　전임 목사의 송별 만찬에서 그는 우리를 매우 잘 대접했으며, 앞서 언급한 벨테브레이를 통해 우리를 일본으로 보내거나 조선 본토로 데려갈 수 없어 매우 유감이라는 말을 전했다. 그는 자신이 궁정에 도착하는 즉시 우리가 이 섬을 떠나 도성으로 갈 수 있도록 온 힘을 다할 것이니, 자신과의 이별을 너무 슬퍼하지 말라고 당부했다. 우리는 목사의 이 모든 친절에 대해 진심으로 감사를 표했다.

　새로운 목사가 취임하자마자, 우리는 더 이상 추가적인 식량을 지급받지 못하게 되었고, 우리의 식사는 대부분 약간의 쌀과 소금, 그리고 한 모금의 물뿐이었다. 우리는 역풍 때문에 아직 섬을 떠나지 못하고 있던 전임 목사에게 이 사실을 하소연했다. 그러나 그는 자신의 목사 임기는 이미 끝났으므로 아무것도 해줄 수 없다고 답했다. 다만, 그는 불만이 제기되는 것을 막기 위해 자신이 섬에 머무는 동안만이라도 우리가 새로운 목사로부터 약간의 반찬을 얻을 수 있도록 새 목사에게 편지를 쓰겠다고 했다.

　1654년 1월 초, 전임 목사가 떠났고 상황은 더욱 악화되었다. 이제 우리는 쌀 대신 밀가루, 수수, 그리고 보릿가루를 받았고 반찬은 없었다. 그래서 반찬을 구하고 싶으면 수수를 팔아야 했다. 우리는 매일 4분의 3캐티 분량의 보릿가루만으로 만족해야 했다. 하지만 이전처럼 하루에 여섯 명씩 동시에 외출하는 것은 허용되었다. 이에 극도로 낙심한 우리는, 마침 수확 시기와 장마철이 다가오고 있었기에, 생계를 유지할 수 있는 모든 종류의 수단을 찾아나섰다.

국왕의 답변이 도착하려면 오랜 시간이 걸렸기 때문에, 우리는 평생 이 섬에 갇혀 감옥에서 죽게 될까 두려웠다. 그래서 우리는 탈출 방법을 모색하기 시작했다. 필요한 물자가 실린 배가 해변에 있다면 그것을 타고 도주할 수 있을 것이라고 생각했다. 4월 말, 우리는 탈출을 시도했다. 일등항해사와 난파선에서 살아남은 세 명의 동료도 함께였다. 우리 중 한 명이 담을 넘어 배의 위치와 조수 시간을 확인하려 했다. 그러나 경비병이 눈치챘다. 아마 개가 짖었거나 했을 것이다. 워낙 경계가 삼엄했던 탓에 우리는 제대로 움직여 보지도 못하고 포기하고 말았다.

5월 초, 외출 허가를 받은 항해사와 다섯 명의 다른 동료들(이전 시도에 참여했던 세 명 포함)이 도시와 멀지 않은 마을에서 필요한 물자가 실린 배 한 척을 발견했다. 그들은 즉시 한 명을 숙소로 돌려보내 각자 먹을 빵 두 조각과 납작하게 꼰 밧줄, 즉 새끼줄을 가져오게 했다. 다시 모였을 때, 그들은 각자 물 한 모금

씩을 마시고 다른 것은 챙기지 않은 채 배에 올랐다. 그들은 배를 모래톱 위로 끌어당겼는데, 이를 본 마을 주민들은 무엇을 어떻게 해야 할지 몰라 놀라서 지켜보기만 했다. 결국 주민 중 한 명이 집으로 들어가 화승총을 들고 나와 물을 헤치며 배를 쫓았다. 배에 타지 못한 한 명을 제외하고는 모두 바다로 나아갔다. 배의 밧줄을 풀기 위해 배에 타지 못한 동료는 육지로 도망치는 것을 택했다. 배에 탄 사람들이 돛을 올렸지만, 돛 줄을 제대로 다룰 수 없어 돛과 함께 돛대가 물로 넘어졌다. 그들은 힘들게 돛대를 다시 세웠다. 그들이 밧줄로 돛대를 노 젓는 자리에 묶었을 때, 이번에는 돛대를 고정하는 핀이 부러져 돛과 함께 돛대가 다시 물로 쓰러져 버렸다. 더 이상 돛대를 세울 수 없게 되자, 그들은 결국 해안으로 표류해 돌아왔다. 이 광경을 본 일부 주민들이 즉시 다른 배를 타고 그들을 뒤쫓았다.

해안에 도착하자마자, 우리 동료들은 예상치 못하게 다른 배로 뛰어들었다. 그 배에는 마을 주민들이 무장하고 있었지만 동료들은 그들을 바다로 던져 버릴 수 있다고 판단했다. 그러나 배에는 물이 가득 차 있어서 항해할 수 없는 상태였고, 결국 그들은 모두 함께 해안으로 다시 돌아왔다. 그들은 붙잡혀 목사 앞

으로 끌려갔다. 그들의 목에는 쇠사슬이 달린 무거운 널빤지*가
채워졌고, 한 손은 쬠쇠를 이용해 그 널빤지에 고정되었다.

그들은 목사 앞에 던져지듯이 놓였다. 다른 곳에 갇혀 있던
동료들 역시 잡혀왔다. 그들 역시 단단히 묶인 채 목사 앞으로
끌려왔다. 그곳에서 우리는 동료들이 비참한 상태로 누워 있는
것을 보았다.

목사는 도망자들에게 다른 사람들 모르게 일을 저지른 것

---

* 조선시대 때 죄인에게 씌우던 '칼'이다.

인지 질문했다. 그들은 동료들에게 짐이 되거나 동료들이 처벌받는 것을 피하기 위해 다른 사람들에게 알리지 않고 이 일을 행했다고 대답했다. 이에 목사는 그들이 무엇을 계획했는지 물었다. 그들은 일본으로 가려 했다고 대답했고, 목사는 그들에게 그렇게 작은 배와 물 한 모금, 빵도 거의 없이 목적지에 도착할 수 있을 것이라고 생각했는지 물었다. 그들은 천천히 고통스럽게 죽는 것보다 차라리 빨리 죽는 것이 낫다고 대답했다. 목사는 그들의 결박을 풀게 한 뒤, 맨 엉덩이에 각각 25대씩 막대기로 매질을 하게 했다. 그 막대기는 길이가 약 1바뎀 정도였고, 아래쪽은 손가락 굵기 정도로 두꺼우며, 윗부분은 둥근 형태였다. 그 결과, 그들은 약 한 달 동안 병상에 누워 있어야 했으며, 추가적으로 우리는 외출이 금지되었고 밤낮으로 엄격한 감시를 받게 되었다. 그들 조선 사람들은 '셸루오(제주)'라 부르고, 우리는 '켈파르트'라고 부르는 이 섬은 앞서 언급했듯이 북위 33도 32분에 위치하며, 조선 본토의 남쪽 끝에서 남쪽으로 약 12~3마일(96킬로미터) 정도 떨어져 있다. 섬의 안쪽, 즉 북쪽에는 배가 들어올 수 있는 만이 있고, 배들은 거기서 본토로 항해한다. 이곳은 지리에 익숙하지 않은 사람이 들어오기에는 위험하다. 보이지 않는 암초 때문에 지리를 모르는 사람은 항해할 수 없다. 많은 이들이 이곳으로 항해하다가 만을 놓치면 결국 일본으로 표류하게 된다. 그 만 외에는 정박지나 피난처가 될 만한 항구가 없다. 이 섬에는 사방에 보이는 암초뿐 아니라 보이지 않는 암초 및 암붕이 많다. 이 나라는 인구가 매우 많고 땅은 가축을 기르기에 비옥하며, 말과 소가 풍부하다. 매년 그들은 국왕에게 많은 수입을 바친다. 주민은 가난한 사람들로 본토 사람들에게 그들은 단순하고 우둔하다고 여겨지며, 그다지 높이 평가받지 못한다. 섬에는 나무가 무성한 높은 산*이 하나 있고, 그 외에는 나무가 전혀 없는 주로 벌거벗은 산과 쌀을 경작하는 많은 계곡이 있다.

5월 말, 오랫동안 기다려 온 국왕의 전갈이 도착했다. 우리는 한양의 궁정으로 가야 했지만, 우리가 감옥에서 해방될 것이라는 희망에 곧 기쁨을 느꼈다. 6~7일 후, 우리는 네 척의 배에 나뉘어 태워졌다. 우리가 혹시라도 다른 배로 도망갈까 봐 우리의 두 다리와 한 손은 배에 묶였다. 만약 풀려 있었더라면 우리는 분명히 도주를 시도했을 것이다. 우리를 감시해야 할 병사들이 항해하는 내내 대부분 뱃멀미로 고생했기 때문이다. 이틀 동안 그렇게 앉아 있었으나, 역풍 때문에 배는 전혀 앞으로 나아가지 못했다. 결국 우리는 다시 풀려나 구금되어 있던 집으로 되돌아왔다. 4~5일 후, 바람이 순풍으로 바뀌었고, 우리는 새벽에 다시

---

* 한라산.

배에 탔고 이전과 똑같은 방식으로 손과 발이 묶였다. 배는 닻을 올리고 돛을 펼쳤다. 같은 날 저녁, 우리는 벌써 본토 가까이에 도착하여 닻을 내렸다.

다음 날, 우리는 배에서 풀려나 육지로 옮겨졌고, 그곳에서 병사들의 삼엄한 감시를 받았다. 그다음 날, 우리는 말을 배정받아 타고 헤이남(해남)이라 불리는 곳으로 이동했다. 그곳에서 밤에 우리 서른여섯 명 전원이 다시 합류했다. 문제가 발생하지 않도록 하기 위해서, 또한 관리들은 책임을 최소화하기 위해서 배들이 서로 다른 곳에 정박했기 때문이다. 그다음 날, 식사를 마친 후 우리는 다시 말을 타고 이동하여, 밤이 되어 이에함(영암)

이라고 불리는 도시에 도착했다. 그날 밤, 푸르메렌드* 출신의 총
포수 파울루스 얀세 쿨이 그곳에서 사망했다. 그는 배를 잃은
후로 줄곧 건강하지 못했다. 우리는 그 도시 지방관의 명령에 따
라 그의 장례를 지켜보았고 그를 묻어 주었다. 무덤을 떠나 우
리는 나에주(나주)라는 도시로 이동했다. 다음 날 다시 길을 나
서 산시앙(장성)이라는 도시에서 밤을 보냈다. 그곳에서 아침에
출발하여 티옹옵(정읍)이라는 도시에 머물렀다. 이날 우리는 이
팜산송(입암산성)이라고 불리는, 대규모 증원군이 주둔하고 있는
높은 요새를 지나쳤다. 정읍에서 하루를 보낸 후 다음 날 아침
에 출발하여 같은 날 테인(태인)이라는 도시에 도착했다. 그다음
날, 우리는 다시 말을 타고 이동하여 오후에 쿰게(금구)라는 작
은 도시에 도착해 점심 식사를 했다. 식사 후 다시 출발하여 저
녁에 첸티오(전주)라고 불리는 큰 도시에 도착했다. 이곳은 옛날
에 국왕이 궁궐을 두었던 곳이며, 티올라도(전라도)의 관찰사가
거주하는 곳이다. 전주는 나라 전체에서 큰 상업 중심지로 여겨
지며, 물길로는 접근할 수 없는 내륙 도시이다. 다음 날 아침, 우
리는 다시 길을 떠나 밤에 이에샌(여산)이라는 도시에 도착했다.
이곳은 전라도의 마지막 도시였다. 그곳에서 아침에 다시 말을
타고 출발하여 티옹시앙도(충청도)에 속한 군지우(은진)라는 작

---

* 네덜란드 암스테르담 북쪽에 위치한 도시.

은 도시에서 머물렀다. 다음 날 이엔샌(연산)이라는 도시로 떠나 그곳에서 밤을 보내고, 다시 그다음 날 아침에 말을 탔다. 그리고 밤이 되어 콩티오(공주)라는 도시에 도착했는데, 이곳은 앞서 언급된 충청도의 관찰사가 머무는 곳이었다. 다음 날 우리는 큰 강을 건너 셍가도(경기도)로 진입했고, 왕의 도성은 이 경기도에 있었다.

서울에서

이와 같이 며칠 동안 여러 도시와 마을에서 밤을 지새우며 이동한 끝에, 우리는 마침내 도르드레흐트* 근처의 마스강**만큼 넓은 강***에 다다랐다. (북쪽으로 70~75마일(약 519~526킬로미터), 약간 서쪽으로도 이동함) 우리는 이 강을 건넜고, 1마일 더 가서 크게 성벽으로 둘러싸인 도시에 도착했다. 이곳이 바로 시올(서울), 즉 국왕의 거주지였다. 우리 일행은 모두 한 집에서 2~3일 동안 머물렀다. 그 후 우리는 서울에 거주하는 중국인 귀화자들 집에 두세 명 또는 네 명씩 나뉘어 머물게 되었다. 우리

---

* 네덜란드 서부의 도시.
** 유럽 서부 프랑스·벨기에·네덜란드를 흐르는 강.
*** 한강.

는 그곳에 짐을 풀자마자, 곧바로 국왕* 앞에 소환되었고, 앞서 언급된 얀 얀세 벨테브레이를 통해 국왕은 우리에게 온갖 질문을 했다.

우리는 대답할 수 있는 한 그 질문들에 대답했고, 이어서 열정적으로 일본으로 떠나게 해 달라고 요청했다. 우리는 왕에게 폭풍으로 인해 배를 잃었으며, 그 과정에서 동료를 절반 가까이 잃었다는 사실을 상기시켰다. 또한 우리가 고향과 멀리 떨어진 낯선 외국에 있으며, 부모, 아내, 자녀, 친구, 친척 들과 다시 만나기를 간절히 바라고 있다는 점을 말했다.

이에 국왕은 다시 벨테브레이를 통해 답했는데, 그것은 이 나라의 관습이 아니라는 것이었다. 외국인이 나라를 떠나도록 허락한 적이 한 번도 없다고 했다. 결국 우리는 평생 이곳에 남아야 한다는 사실을 받아들일 수밖에 없었다.

그러고 나서 왕은 이 나라의 관습대로 우리에게 춤과 노래, 그리고 익살스러운 행동으로 자신을 즐겁게 해 달라고 요구했다. 우리는 재능도 없고 내키지도 않았지만 어쩔 수 없이 그

---

* 효종孝宗이다. 인조의 둘째 아들로, 병자호란 때 청나라에 8년간 볼모로 잡혀가 있었던 원한을 풀고자 북벌 계획을 실현하기 위하여 송시열, 이완 등을 중용하였으나 뜻을 이루지 못하였다.

역할을 해냈다. 그럼에도 왕과 신하들은 우리의 공연을 마음에
들어 했다.

우리는 그 나라의 풍습에 따라 대접을 받은 후, 각자 옷감
을 두 필씩 받았다. 그것으로 우리도 그 나라 방식에 맞게 옷을
입을 수 있었다. 그런 다음 우리는 묵고 있던 집으로 돌아왔다.
다음 날 총사령관(훈련대장)이 우리를 불렀고, 벨테브레이를 통
해 왕의 뜻을 전했다. 왕이 우리를 자신의 호위대로 임명하기로
했다는 것이었다. 그리고 우리는 매달 각자 약 70캐티(42kg)의
쌀을 받게 될 거라고 했다.

우리 각자는 둥근 나무 명패를 하나씩 받았다. 우리의 이름, 나이, 출신국, 그리고 왕의 부하로서의 직무가 (그들의 언어로) 새겨져 있었고, 그 위에는 왕과 훈련대장의 인장이 불로 새겨져 있었다. 그 후 우리는 화승총, 화약, 총알을 지급받았으며, 초하루와 보름마다 국왕에게 예를 올리라는 명령도 받았다. 조선에서는 왕의 하급 관료들이 한 달에 두 번 상관에게 경의를 표하는 것이 관습이었다.

남성들은 특정 연령까지 1년에 6개월 동안 병사로 징집된다. 봄에 3개월, 가을에 3개월로 나뉜다. 이 두 기간 동안 그들은 한 달에 세 번 훈련을 받았으며, 마찬가지로 한 달에 세 번 사격 연습을 했다. 벨테브레이는 우리의 훈련 교관으로 배정되었고, 그 외에 중국인이 한 명 더 있었다. 실제로 국왕의 호위대에는 많은 중국인이 편입되어 있었다.

우리는 매일 여러 고위 인사들의 초청을 받았다. 그들뿐만 아니라 그들의 아내와 자녀들까지도 우리를 보고 싶어 했기 때문이다. 우리의 외모가 인간이라기보다 괴물에 가깝다는 소문이 퍼져 있었던 것이다. 그들은 우리가 물을 마실 때 귀 뒤로 코를 젖혀야 한다고 말하기도 하고, 우리의 머리는 바다소의 머리와 비슷하다고도 했다. 그러나 실제로 우리를 가까이서 본 사람들은 대부분 실망했다. 우리가 생각했던 만큼, 혹은 기대했던 만큼 그렇게 흉측하게 생기지 않았기 때문이었다.

사실, 조선 사람들 대부분은 우리를 흉측하게 여기지 않았다. 오히려 그들은 우리의 흰 피부색에 감탄했는데, 피부가 흴수록 바람직하다고 여겨졌기 때문이다. 초기에는 우리가 거리에 모습을 드러내기만 하면, 늘 군중이 우리를 따라다니거나 사람들이 우리를 에워싸고 넋을 잃은 듯 구경했다. 켈파르트에서는 생김새 때문에 이만큼 방해받지는 않았다. 물론 그곳에서도 상당한 관심을 받기는 했지만 말이다.

이런 관심이 너무 심해져서, 어느 날 밤에는 폭도들이 우리의 침실까지 난입했다. 그들은 우리 의사와 상관없이 우리를 밖으로 끌어내어 조롱하려고 했다. 우리는 이 문제에 대해 훈련대장에게 항의했고, 그는 즉시 어느 누구라도 어떤 식으로든 우리를 괴롭히는 것을 금지했다. 그 순간부터 우리는 군중이 모여드는 일 없이 자유롭게 돌아다닐 수 있게 되었다.

8월에 청나라 사신이 조선에 부과된 세금을 징수하기 위해 서울에 왔다. 사신이 머무는 동안, 우리는 왕의 명에 의해 도성 밖으로 추방되어 요새에 머물게 되었다. 그곳은 서울에서 약

6~7마일(45~52킬로미터) 떨어진 매우 높은 산에 있었다. 이 요새는 피난처였다. 적이 나라를 침공할 때, 국왕이 이곳으로 피신하곤 했다. 이곳에는 1천 명의 사람이 3년 동안 살 수 있을 만큼의 식량이 항상 비축되어 있다. 이 요새는 또한 조선의 가장 지위 높은 승려들이 거주하는 곳이기도 하다. 이 요새의 이름은 남한산성이다. 우리는 청나라 사신이 떠난 날인 9월 2일인가 3일쯤까지 이곳에 머물렀다.

11월 말에 접어들자, 날씨가 너무 추워지기 시작하여 서울 근처의 큰 강(한강)이 얼어붙었다. 얼음이 워낙 단단했기 때문에 300명가량의 기병대가 완전무장을 한 채로도 빠질 위험 없이 강을 건널 수 있을 정도였다. 추위가 계속 심해지자 우리는 어려움을 겪었고 훈련대장에게 가서 겨울옷을 마련해 줄 수 있는지 물었다. 이에 훈련대장은 국왕에게 요청하여, 우리가 난파선 스페르베르호에서 건져냈던 가죽 일부를 돌려달라고 간청했고, 이 요청은 승인되었다. 그 가죽들은 건조된 후 서울로 보내져 창고에 보관되었다. 확인 결과, 가죽 중 상당수는 썩어 있었고, 다른 일부는 좀이 먹은 상태였다. 우리는 쓸 만한 가죽들을 팔아 그 수익으로 집을 사기로 결정했다. 왜냐하면 우리가 머물고 있던 숙소의 중국인들이 우리를 썩 친절하게 대우하지 않았기 때문이다. 예를 들어, 그들은 우리에게 정기적으로 땔감을 구해오라고 요구했다. 이 때문에 우리는 산을 넘어 왕복 6마일(45킬로미터)을 걸어야 했다. 우리는 등에 나무를 짊어지고 산을 오르는 일이 익숙하지 않아, 이 일이 극도로 불쾌했다. 우리는 모두 차라리 약간의 추위를 감수하더라도 이 사람들에게서 벗어나기를 바랐던 것이다. 그런데 수익은 우리의 예상을 뛰어넘었다. 가죽을 팔아 얻은 돈은 작은 집 세 채를 살 수 있을 만큼 충분했으며, 남은 돈으로는 겨울옷까지 살 수 있었다. 이 덕분에 우리는 이 혹독한 겨울을 무사히 이겨낼 수 있었다.

청나라 사신 사건

1655년 3월, 청나라 사신이 다시 서울에 왔다. 사신이 머무는 동안 우리는 가택 연금 상태로 지냈다. 사신이 떠날 예정이던 그날, 암스테르담 출신의 일등항해사 헨드릭 얀세와 하를렘* 출신의 포수 헨드릭 얀세 보스가 땔감이 완전히 떨어졌다고 주장했다. 그들은 땔감을 구하러 갈 수 있도록 허락을 받았다. 그러나 그들은 땔감을 구하는 대신 사신이 지나가기로 예정된 길을 찾아갔다. 약 100여 명의 기마병에 둘러싸인 사신이 접근하자, 그들은 저지선을 뚫고 들어가 사신이 탄 말의 고삐를 붙잡았다.

그들은 급히 입고 있던 조선옷을 벗어던지고, 그 안에 입고

---

* 네덜란드 암스테르담에서 서쪽으로 약 20킬로미터 떨어진 매우 유서 깊은 도시.

있던 네덜란드 복장을 드러냈다. 이로 인해 현장에서는 엄청난 소동이 일어났다. 겁에 질린 사신은 이것이 무슨 의미인지 물었고, 그 두 사람은 자신들이 조선에 억류되어 있는 네덜란드인이라고 소리쳤다. 안타깝게도 사신은 그들이 외치는 말을 전혀 이해하지 못했다. 그를 호위하던 조선인들은 사신에게 그 상황을 설명해 주려 하지 않았다. 그들은 자신들 역시 이해하지 못한다고 말했다.

그 후, 청나라 사신은 말고삐를 잡은 채 그 항해사를 자신이 밤을 보낼 숙소로 데려가겠다고 요청했고, 조선인들은 통역관을 마련하겠다고 했다. 그리고 일은 그대로 진행되었다. 그러는 동안, 나머지 네덜란드인들은 집 밖으로 끌려 나와 대신들이 모인 조정으로 불려갔다. 조정 대신들은 우리에게 그 두 사람이 무슨 일을 꾸미고 있었는지 알고 있었느냐고 물었다. 당연히 우리는 알고 있었다는 사실을 부인했다. 그럼에도 우리에게 유죄 판결이 내려졌다. 그 두 사람이 산이 아닌 정반대 방향으로 걸어가는 것을 분명히 보았을 것이며, 그 사실을 즉시 보고하지 않았다는 이유였다.

조정에서는 우리에게 맨 엉덩이를 50대씩 때리는 형벌을 선고했지만, 이 판결은 국왕의 비준을 받아야 했다. 그러나 국왕은 우리가 이런 처벌을 받을 만큼 죄를 지었다고 생각하지 않았다. 국왕은 우리가 강도나 정복자로서 이 나라에 들어온 게 아니라, 폭풍우에 의해 우리의 의지와 상관없이 이곳으로 밀려왔다고 여겼다. 국왕은 이 판결을 무효화시켰고, 그 후 다시 우리는 집으로 돌아왔지만 추후 통지가 있을 때까지 집에 머물러 있어야 했다.

그 사이, 항해사는 사신이 마련한 통역관을 통해 심문을 받았으며, 사신은 상황 전체를 파악하게 되었다. 이로 인해 조선인들은 난처한 입장에 처하게 되었다. 나중에 우리가 들은 바에 따르면, 청나라 사신은 많은 뇌물을 받았고, 만약 그가 이 사건을 북경의 황제에게 보고하지 않는다면 더 많은 것을 주겠다는 약속을 받았다. 결국 이 사건은 우리의 두 동료에게는 나쁜 결말로 끝났다. 그들은 감옥에 갇혔고, 우리는 그들을 다시는 보지 못했다. 훨씬 나중에야 우리는 그들이 그사이에 사망했다는 것을 알게 되었다. 그들이 자연사했는지, 아니면 결국 형을 선고받아 처형되었는지는 전해지지 않았다. 심지어 많은 것을 알고 있던 벨테브레이조차도 우리에게 그 사실을 알려 줄 수 없었다.

6월에 청나라 사신이 다시 서울을 방문했다. 그 직전에 우리는 훈련대장에게 소환되었다. 훈련대장은 켈파르트섬에 새로운 배가 좌초되었으며, 벨테브레이가 너무 늙어 고된 여정을 감당할 수 없게 되었기 때문에, 우리 중 언어에 가장 능통한 세 명이 그곳에서 통역관 역할을 해야 한다고 말했다. 우리는 동료 중 세 명, 즉 조수 한 명, 포수 한 명, 그리고 선원 한 명을 그 임무에 지명했다. 이 세 명은 며칠 후 조선인 병사 한 명을 동반하고 남쪽으로 떠났다.

우리 중 남아 있던 사람들은 사신이 떠난 지 이틀째 되는 날까지 집에 머무르라는 엄중한 명령을 받았다. 그전에 감히 문밖으로 코를 내밀었다가는 무자비한 매질을 각오해야 했다. 얼마 후, 켈파르트섬으로 떠났던 세 동료로부터 편지를 받았다. 그들은 조선의 가장 남쪽 끝에 감금되어 있으며, 삼엄한 감시를 받고 있다고 했다. 배가 난파된 일은 전혀 없었다. 이 모든 일은 그 세 명을 서울에서 내보내기 위한 속임수였다.

이 세 명을 남쪽으로 보낸 정확한 의도가 무엇이었는지 우리는 분명하게 알 수 없었다. 아마도 조선인들은 청나라, 즉 중국 황제가 우리 네덜란드인들의 존재를 알게 되어 우리의 인도를 요구할 경우에 대비하여, 이 세 명만이라도 조선에 남겨두려 했던 것으로 추측된다.

그해 말, 사신은 얼음 강을 건너 다시 조공을 요구하러 왔다. 그리고 이전과 마찬가지로, 그가 머무는 동안 우리는 집 안에 갇혀 엄중한 감시를 받았다. 그의 방문 후, 조정에 모인 대신들 중 일부가 국왕에게 우리를 죽여야 한다고 강력히 주장했다. 그들은 우리에게 염증을 느낀 다른 고위 관리들의 지지를 얻었다. 그들은 이 문제로 사흘 동안 모였다. 국왕, 국왕의 동생*, 훈련대장, 그리고 다른 몇몇 고관들은 우리에게 호의적이었기 때문에 이 제안에 반대했다.

훈련대장은 만약 우리를 죽이기로 결정한다면, 그것은 일대일 싸움의 결과로 이루어져야 하며, 우리 각자가 똑같이 무장한 조선인 두 명을 상대로 싸워야 한다고 말했다. 그는 그것이 자신들의 의지와 상관없이 이 나라에 들어온 외국인들을 그냥 처형하는 것보다는 조선인과 네덜란드인 모두에게 더 명예로울 것이라고 생각했다. 이 모든 내용은 우리에게 호의적인 사람들을 통해 비밀리에 전해졌다. 크게 불안해진 우리는 벨테브레이에게 이 정보를 확인해 줄 수 있는지 물었다. 그는 '사흘 뒤에도 여러분이 살아 있다면 위험은 지나간 것'이라는 말 외에는 더 이상 아무것도 알려 주려 하지 않았다.

---

* 인평대군麟坪大君이다. 인조의 셋째 아들로, 병자호란 때에 부왕을 호종扈從하였고, 1640년에 볼모로 청나라에 갔다가 이듬해 귀국하였다.

조정의 의장이었던 국왕의 동생이 회의에 참석하러 가는 길에 우리의 집 앞을 지나갔다. 우리는 이 기회를 놓치지 않고 그 앞에서 굽실거리며 우리의 목숨을 살려 달라고 간청했다. 그는 우리에게 우호적이지 않은 질투심 많은 사람들이 주장하는 것처럼 상황이 그렇게 암울하지는 않으니, 걱정하지 말라고 하며 우리를 안심시켰다. 그리고 실제로 그가 말한 대로, 우리에게 해가 되는 일은 없었다.

우리는 우리를 파멸시키려 했던 적들의 압력에 굴하지 않고 뜻을 굽히지 않은 국왕 덕분에 목숨을 건졌다. 하지만 국왕 역시 일부 양보를 해야 했다. 우리가 다시 청나라 사신과 접촉하여 문제를 일으키는 것을 막기 위해, 우리는 전라도로 유배되었다. 국왕은 우리의 생계를 위해 매달 50캐티(약 30kg) 조금 넘는 쌀을 주었다.

전라도 유배 생활

1656년 3월 초, 우리는 말을 타고 서울을 떠났다. 우리는 벨테브레이와 다른 몇몇 아는 사람들의 배웅을 받으며 강가까지 갔다. 우리가 나룻배에 오르자, 그들은 도시로 돌아갔다. 이것이 우리가 벨테브레이를 마지막으로 본 순간이었다. 우리는 그 이후로 그에 대해 아무것도 듣지 못했다.

우리는 영암이라는 도시로 가는 길을 여행했고, 예전에 지나쳤던 도시들을 통과했다. 우리가 새로 머무는 도시마다, 이전과 마찬가지로 나라의 비용으로 숙소가 제공되었고, 새로운 말과 식량이 지급되었다. 그렇게 며칠 후 영암을 거쳐 우리는 '전라병영'이라는 곳에 도착했다. 이 도시에는 병사兵舍, 즉 전라도의 군사령관(절도사)이 거주하고 있었는데, 그는 관찰사 바로 아래 직

책이었다. 병사는 우리를 절도사에게 인계했다. 그 병사에게는 즉시 왕의 도성인 서울에서 내려온 세 사람을 데려와 우리와 합류시키라는 명령이 떨어졌다. 그들은 그곳에서 12마일(89킬로미터) 떨어진, 부사령관(수군절도사)이 거주하는 요새에 있었다. 우리는 곧바로 집 한 채를 배정받아 함께 살게 되었다. 사흘 후, 세 동료가 우리와 합류했고, 우리는 그때부터 총 서른세 명이 되었다.

4월에 우리는 가죽 몇 장을 받았다. 이 가죽은 켈파르트섬에 너무 오래 보관되어 있다 보니 더 이상 쓸모가 없어져 도성으로 보내지지 않은 것이었다. 우리가 섬에서 10마일(74킬로미터)도 안

되는 해안가 근처에 머물고 있어서 쉽게 이 가죽이 우리한테 올 수 있었던 듯하다. 우리는 그 가죽으로 옷을 어느 정도 다시 마련하고 새 거처에 필요한 물건들도 구할 수 있었다. 지방관은 우리에게 관청 마당과 장터의 풀을 한 달에 두 번씩 뽑아 깨끗이 유지하도록 명령했다.

1657년 초, 지방관은 뇌물 수수로 인해 그 직위에서 해임되었다. 하지만 그는 백성들에게 매우 존경받는 인물이었기 때문에, 양반 계층과 백성들의 대표가 왕에게 그를 관대하게 처벌해 달라고 청원했다. 그들의 중재 덕분에 그는 사형은 면하게 되었고, 다른 직책을 맡게 되었다.

2월에 새로운 지방관이 부임했는데, 그의 부임과 함께 우리의 상황은 악화되었다. 이전 지방관에게서는 땔감을 무료로 받았지만, 이제는 우리가 직접 나무를 베어야 했다. 게다가 그는 우리에게 더 힘든 노동을 강요했다. 땔감을 구하려면 우리는 산악 지형을 왕복 6마일(44킬로미터)이나 걸어야 했다. 결국 그가 심장마비로 사망했다는 소식을 들었을 때, 우리는 기뻐했다.

11월에 세 번째 지방관이 부임했는데, 이 사람은 우리의 일에 전혀 간섭하지 않았다. 우리가 그에게 옷을 살 돈이나 다른 보

조금을 요청하자, 그는 왕에게 받은 명령은 오직 쌀을 배급하라는 것뿐이라며 나머지는 스스로 해결해야 한다고 답했다. 땔감을 계속 운반하느라 우리 옷이 매우 닳았기 때문에, 우리는 새 옷이 매우 급하게 필요했다. 그래서 우리는 지방관에게 구걸을 해도 될지 요청했다. 이 나라에서 구걸은 결코 천박하게 여겨지지 않으며, 특히 승려들에 의해 흔히 행해지는 일이었다.

지방관은 우리가 일주일에 나흘 동안 농가와 사찰을 돌며 구걸할 수 있도록 허락해 주었는데, 전라도에는 그러한 곳이 많았다. 이 구걸 순회는 재정적으로 큰 성공을 거두었다. 농민과 승려들 모두 우리를 매우 궁금해했고, 그들은 우리가 들려주는 우리 민족과 고국에 대한 흥미로운 이야기의 대가로 기꺼이 돈을 주었기 때문이다. 이런 방식으로 우리는 겨울을 날 수 있는 새 옷을 살 수 있었다. 다행히도 그해 겨울은 서울에서 보냈던 겨울보다 덜 혹독했다.

1658년 봄, 이전 지방관이 교체되면서 새로운 지방관이 부임했다. 이 새로운 지방관은 우리의 외출을 제한했고, 우리에게 매일 일하는 대가로 아마포 세 필을 주겠다고 했다. 우리는 이 제안이 좋은 것이 아니라고 판단했다. 그 노동 때문에 우리의 옷이 더 빨리 닳을 것이기 때문이었다. 게다가 식량이 부족하여 생계

비가 많이 들었다. 그래서 우리는 그에게 20일간의 정기적인 휴가를 허락해 달라고 요청했다. 이 기간 동안 우리는 땔감을 해서 그중 일부를 농민들에게 팔아 생활비를 충당하려 한 것이다.

그는 우리의 요청을 승인했는데, 그때 마침 우리의 숙소에 질병이 발생하여 동료 중 일부가 심한 고열에 시달리고 있었고, 조선 사람들이 이를 매우 두려워했기 때문이었다. 우리의 외출 금지 조치도 수도나 일본인 거류지 근처에 가는 것을 제외하고는 다 풀렸다. 다만, 아픈 사람들을 돌보기 위해 두 명의 동료를 남겨둔다는 조건 하에, 한 달에 두 번씩 관청 마당의 풀을 관리해야 하는 의무는 그대로 남았다.

1659년 4월, 왕이 죽었다. 청나라의 허가를 받아 그의 장남이 왕*으로 즉위했다. 우리는 여전히 같은 생활을 계속했다. 나무를 팔기도 하고, 주로 승려들에게 구걸을 했다. 승려들이 농부들보다 더 후하다는 것을 알게 됐기 때문이다. 이 승려들은 매우 호기심이 많았다. 그들은 우리나라의 풍습과 우리가 접촉한 다른 나라들의 모든 것을 알고 싶어 했다. 우리가 원했다면 밤새도

---

* 현종顯宗이다. 즉위 직후 조 대비趙大妃의 복상服喪 문제로 남인과 서인이 당쟁을 벌여 많은 유신儒臣이 희생되었으며, 대동법을 전라도에 실시하고 동철제銅鐵製 활자 10만여 자를 주조하였다. 재위 기간은 1659~1674년이다.

록 이야기를 들려줄 수도 있었을 것이다.

　1661년 봄, 또 다른 지방관이 부임했다. 그는 우리에게 호의적이었다. 그는 만약 자신에게 권한이 있다면 우리를 진작에 고국으로 돌아가도록 했을 것이라고 자주 말했다. 그가 다스리는 동안 우리는 원하는 대로 할 수 있었다. 하지만 불행히도 그해와 그다음 해에 심각한 식량 부족 사태가 발생했다. 계속된 가뭄으로 수확에 실패했기 때문이다. 1662년 봄, 기근으로 수천 명이 죽었다. 도처에 수많은 도적떼가 나라를 배회했다. 그래서 왕의 군사들이 도로를 계속 순찰했다. 그들은 또한 여기저기 흩어진 시신들을 치우는 임무도 맡았다.

　도적떼들이 여러 마을을 약탈했고, 왕의 창고도 여럿 부서졌다. 기근에서 살아남은 사람들은 도토리, 나무껍질, 잡초를 먹으며 연명했다.

　1663년 초, 기근이 벌써 3년째 계속되면서 많은 사람들이 굶어 죽어 전체 지역이 황폐해졌다. 강가의 낮은 지대에서는 여전히 약간의 쌀을 재배할 수 있었는데, 그곳은 비에 덜 의존했기 때문이다. 만약 그렇지 않았다면 전체 인구가 사실상 멸종했을 것이다. 어느 순간 지방관은 우리에게 배급 쌀을 제공할 수 없게 되었다. 그래서 그는 왕에게 우리를 다른 곳으로 옮겨 달라는 요청 편지를 썼다. 2월에 우리를 세 도시로 나누어 보내라는 명령이 내려왔다. 우리는 아직 스물두 명이었다. 이 중 열두 명은 전라좌수영(여수)으로, 다섯 명은 순천으로, 그리고 다섯 명은 남원으로 가야 했다.

우리는 이렇게 옮겨지는 것을 몹시 안타까워했다. 결국 우리는 두이치앙*에 좋은 집을 가지고 있었고, 그 나라 풍습에 따라 집을 꾸몄으며 주변에 멋진 정원도 있었다. 우리는 이 모든 것을 버리고 다른 곳에서 새로 시작해야 했다. 그것도 식량이 부족한 시기에 말이다. 하지만 나중에 보니 이렇게 옮겨간 것이 나가사키에 도착한 우리 동료들에게는 행운이었다. 그러나 그 당시에는 그것을 예상할 수 없었다.

---

* 사학자들 사이에는 이 단어가 병영 인근에 있는 마을인 작천이라는 견해와 병영 내에 있던 큰 창고를 의미한다는 견해로 갈려 있다.

남해안에서

1663년 초, 우리는 지방관에게 작별 인사를 하고 그동안 베풀어 준 모든 것에 감사했다. 그리고 각자의 목적지로 출발했다. 우리는 걸어서 이동해야 했다. 아픈 사람들과 약간의 짐을 가져갈 수 있게 몇 마리의 말만 제공되었기 때문이다. 순천과 좌수영으로 가는 일행은 처음에는 같은 길을 이용했다. 나흘 후 순천에 도착하여 관아의 창고에서 하룻밤을 묵었다. 다음 날 순천에 남을 다섯 명의 동료에게 작별 인사를 하고 길을 나섰다. 같은 날 저녁, 우리는 좌수영에 도착하여 그곳 지방관 겸 수군대장(전라좌수사)에게 인계되었다.

지방관은 우리를 가구가 거의 없는 집에 머물게 하고 평소대로 쌀을 배급해 주었다. 그는 친절하고 쾌활한 사람처럼 보였지만, 불행히도 우리가 도착한 지 이틀 만에 떠났다. 사흘 후 새로운 지방관이 부임했는데, 그는 우리에게는 완전한 재앙이었다. 여름에는 뜨거운 태양 아래, 겨울에는 이른 아침부터 늦은 밤까지 비와 우박 속에 서 있게 했다.

날씨가 좋을 때는 활 쏘는 사람들을 위해 화살 줍는 일을 했다. 모든 지방관에게는 최고의 궁수를 두는 것이 명예로운 일인 듯보였다. 그는 이 외에도 우리에게 다른 궂은일들을 시켰는데, 이 이야기는 나중에 하겠다.

겨울이 임박했기 때문에 우리는 새 옷의 필요성을 느꼈다. 그래서 지방관에게 우리 중 여섯 명만 일을 시키고 나머지 여섯 명은 휴가를 보내 달라고 요청했다. 그들이 구걸을 하거나 땔감을 팔아 돈을 모을 수 있도록 하기 위해서였다. 공식적으로는 허가가 나지 않았지만, 결국 지방관은 이를 묵인해 주었다. 이 상황은 1664년까지 지속되었고, 그때 우리의 지방관은 더 높은 직책으로 승진했다. 그의 후임자는 훨씬 더 관대해 보였다.

새 지방관은 즉시 우리의 모든 작업 의무를 면제해 주었다. 우리는 원래의 약속대로 한 달에 두 번 신고만 하면 되었다. 또한, 우리가 어디를 갈 때마다 그의 부관에게 행선지를 보고하여,

필요할 경우 우리를 찾을 수 있게만 하면 되었다.

우리는 우리의 삶을 고통스럽게 했던 비참한 지방관에게서 마침내 해방되었고, 그의 후임자가 이렇게 친절하게 대해 준 것에 대해 하나님께 감사했다. 새 지방관은 우리를 여러 차례 집으로 초대하여 술과 음식을 대접하며 따뜻하게 맞아 주었다. 그는 또한 우리의 고향에 대해 뭐든지 알고 싶어 했다. 그는 진심으로 우리를 가엾게 여겼고, 왜 일본으로 가려고 시도하지 않느냐고 물었다. 우리는 허가를 받지 못했고, 게다가 적절한 배가 없다고 대답했다. 그러자 그는 '이 해안 마을에는 배가 충분히 많지 않으냐'고 짓궂게 말했다.

우리는 우리 소유가 아닌 배를 감히 이용하지 않을 것이라고 그에게 확신시켰다. 만약 그렇게 하다가 실패할 경우, 탈출 시도에 대한 처벌뿐만 아니라 절도죄로도 처벌받게 될 것이기 때문이었다. 우리는 그가 의심을 품지 않도록 그렇게 말했다. 우리가 그렇게 말할 때마다, 그는 크게 웃고는 했다.

그는 우리에게 좋은 기회를 주었고, 우리는 진지하게 그것을 실현해 보자고 생각하였다. 우리는 해안 근처에서 낚시하러 갈 수 있는 배가 매물로 나와 있는지 여기저기에다 물어보았다. 하지만 아무도 우리에게 배를 팔려고 하지 않았다. 그들은 오랫동안 이전 지방관의 엄격한 통치 아래 살았기 때문에 자신들의 의무에 매우 충실했고, 나중에 비난받을 수 있는 일을 쉽게 하려고 하지 않았다.

연말에 우리는 하늘에 잇따라 두 개의 꼬리가 달린 별 또는 혜성이 나타나는 것을 보았다. 남동쪽에 처음 나타난 혜성은 거의 두 달 동안 볼 수 있었다. 그 후 남서쪽에 또 다른 혜성이 나타났다. 이 천체들의 출현은 나라 전체에 큰 공황을 야기했다. 전투 함대는 대기 상태에 들어갔고, 항구의 경비는 강화되었으며, 모든 요새에는 추가 식량과 탄약이 공급되었고, 기병과 보병은 매일 훈련을 했다. 특히 해안을 따라 위치한 도시들에는 등불을 켜는 것이 허용되지 않았다. 이러한 두려움은 과거 청나라가 침략했을 때, 그리고 일본과의 전쟁이 시작되었을 때에도 하늘에 비슷한 징조가 있었기 때문에 발생했다. 많은 조선인들이 우리에게 이것에 대해 어떻게 생각하는지, 그리고 우리도 이 천체의 출현을 불길한 징조로 여기는지 물었다. 우리는 네덜란드에서는 보통 이와 비슷한 징조의 출현이 전쟁, 홍수, 혹은 전염병과 같은 어떤 재앙의 징조라고 예상한다고 대답했다.

이러한 비상사태 때문에 배를 구하는 것은 당연히 더욱 어려워졌다. 게다가 전함의 집중적인 순찰로 인해 배로 탈출하는 것은 거의 불가능한 상황이 되어 버렸다. 상황은 막다른 골목에 다다른 것 같았지만, 우리는 운명을 받아들였다. 결국 우리는 낯선 나라의 포로였고, 머리 위를 가릴 지붕이 있고 생계를 유지할 수 있다는 것에 만족해야 했다.

한편, 지방관은 계속해서 교체되었다. 그들 중 일부는 우리에게 친절했지만, 다른 이들은 우리가 누리는 모든 특권을 시기했다. 어떤 지방관은 우리가 하루 종일 벼를 찧기를 원했고, 다음 지방관은 우리에게 100바뎀(약 183미터)의 새끼줄을 꼬라고 명령했다. 우리는 우리를 노비로 만들려고 국왕이 우리를 여기로 보낸 것이 아니라고 매번 맹렬히 항의했다. 그러나 가장 어두운 시간은 언제나 새벽 직전이라고 했던가. 우리에게 벼를 찧으라고 위협하던 지방관이 강경책으로 우리를 굴복시키려 할 때, 우리는 기적처럼 그의 손아귀에서 벗어났다. 매일 진행되던 함대 훈련 중, 한 전함의 부주의로 인해 화약통이 폭발하여 전함이 침몰하고 선원 다섯 명이 사망한 것이다. 지방관은 이를 비밀로 하려 했지만, 전국에 퍼져 있는 첩자*들을 통해 국왕은 어쨌든 이 사실을 알게 되었다. 그 지방관은 체포되어 궁정으로 끌려갔다. 판결은 불명예스러운 해임, 곤봉으로 90대의 매질, 그리고

---

* 암행어사를 말한다.

종신 유배였다. 새로운 지방관이 우리에게 새끼를 꼬라고 명령했을 때, 우리는 새로운 기적을 바랐다. 하지만 당분간은 그런 일이 일어나지 않았다. 그는 심장마비를 겪지도 않았고, 왕실과 충돌하지도 않았다. 이제 상황은 정말로 어렵게 변했다.

탈출

우리는 남은 생을 노비처럼 일하고 싶지 않았다. 그래서 가능한 한 빨리 도망치기로 결심했다. 배를 살 돈은 있었지만, 아무도 우리에게 배를 팔려고 하지 않았다. 그래서 우리는 우리 집에 자주 방문하는 이웃 한 명을 설득하여 우리의 대리인으로 일해 달라고 부탁했다. 그는 우리가 그 배로 무엇을 하려는지 의아해하며 물었다.

우리는 그에게 목화를 사기 위해 여러 섬 중 한 곳으로 항해하고 싶다고 말했다. 우리가 목화 판매로 얻게 될 수익을 나누겠다고 약속하자 그는 동의했고, 다음 날 현지 어부에게 배를 구입했다. 다음 날 그 어부가 우리가 배를 정비하는 것을 보았을 때는 거의 일이 틀어질 뻔했다. 그는 우리가 배를 타고 탈출하려 한다고 생각했기에 판매를 취소하려 했다. 만약 지방관이 우리가 그의 배를 타고 도망쳤다는 것을 알게 되면, 그는 틀림없이 죽임을 당할 것이었다.

아마도 그가 맞았을 것이다. 그래서 우리는 그에게, 우리가 떠난 직후 지방관에게 가서 네덜란드인들이 그의 배를 훔쳤다고 말하라고 조언했다. 그 남자는 망설이기 시작했고, 우리가 가지고 있던 모든 조선 돈을 주자 그는 마침내 굴복했다. 우리는 그에게 너무 빨리 지방관에게 가지는 말라고 강조했다. 그렇게 했다가는 전함에 따라잡힐 가능성이 있었기 때문이다. 만약 그런 일이 발생하면, 우리는 그 어부를 우리의 공범 중 한 명으로 지목할 것이라고 겁을 줬다.

우리는 상현달이 뜰 때 떠나고 싶었다. 그때는 날씨가 대체로 좋기 때문이었다. 마침 윤달이었고, 평소 서로 자주 방문하던 순천에 사는 동료 두 명이 우연히 우리를 찾아왔다. 우리는 그들에게 우리의 계획을 말했고, 그들은 합류하기로 결정했다. 그들은 하급 선의 마테우스 에이보컨과 코르넬리스 디르크세였다. 이 두 명 외에도 우리는 항해술을 알고 있는 얀 피터스젠이라는 사람도 데려가고 싶었다.

우리 동료 중 한 명이 그를 데려오기 위해 급히 순천으로 갔다. 불행하게도 그는 그때 하필 15마일(약 111킬로미터) 떨어진 남원에 있는 동료들을 방문하고 있었고, 이 때문에 동료는 매우

고생스럽게도 더 먼 길을 걸어야만 했다. 이틀 후 두 사람, 즉 얀 피터스젠과 그를 데리러 간 동료가 좌수영으로 돌아왔다. 그는 그 4일 동안 약 50마일(371킬로미터)을 걸어야 했다.

우리는 다음 날, 달이 진 후 썰물이 되기 전에 닻줄을 올리기로 결정했다. 그러는 동안 우리 이웃들은 점점 더 의심을 품기 시작했다. 우리는 여전히 온갖 종류의 물건들을 배에 실어야 했고, 그러기 위해서는 계속해서 성벽을 넘어야 했다. 이러한 행동은 당연히 눈에 띄지 않을 수 없었다. 그래서 우리는 이웃들에게 해변 파티를 열고자 한다고 말했다. 우리는 매우 즐거운 척 행동하며 해변에 큰 불을 피웠다.

당연히 많은 사람들이 구경하러 왔지만, 다행히도 시간이 늦어질수록 한 명씩 자리를 떴다. 이 어부들은 보통 아침 일찍 일어나기 때문에 일찍 잠자리에 든다. 모든 사람이 떠난 후, 우리는 불을 끄고 달이 지평선 너머로 완전히 사라질 때까지 기다렸다.

먼저 우리는 신선한 물을 얻기 위해 바닷가 바로 앞 섬으로 항해했다. 섬을 따라 항해한 후 곧바로 바다로 나갔다. 우리 왼쪽 전방에는 어둠에 싸인 도시가 보였고, 그 앞 해상에는 몇 척의 전함이 있었다. 섬을 지나자마자, 우리가 올린 돛에 바람이 가득 불었고, 우리는 빠르게 공해로 항해했다.

우리는 별들을 이용하여 남남동 방향으로 곧장 항해하려고 했다. 날이 밝았을 때, 우리는 우리 오른쪽에 있는 배 한 척을 보았다. 그 배의 선원들도 그사이에 우리를 발견한 것 같았다. 그들이 우리를 불렀지만, 우리는 반응하지 않고 최대한 속도를 내기 위해 배를 바람 방향으로 곧장 몰았다. 그 배에서 충분히 멀어졌을 때, 우리는 떠오르는 태양을 길잡이 삼아 다시 올바른 항로를 잡았다.

우리는 그날 하루 종일 계속 항해했다. 날씨는 좋았고 바람도 꾸준히 불었다. 우리는 교대로 잠을 자기로 합의했지만 소용이 없었다. 모두가 완전히 깨어 있었다. 그렇게 우리는 두 번째 밤으로 접어들었다. 하늘은 거의 구름 한 점 없이 맑았고, 별들을 이용하여 곧장 항해하는 것은 실제로 어렵지 않았다. 우리는 냄비, 땔감, 쌀, 소금을 배에 싣고 있었기 때문에 굶주리지도 않았다.

다음 날인 9월 5일, 해가 뜰 무렵 바람이 완전히 사라졌다. 우리는 먼 거리에서 쉽게 눈에 띄지 않기 위해 돛을 내렸고, 배의 속도를 유지하기 위해 노를 젓기 시작했다. 오후가 되면서 서쪽에서 바람이 약간 불기 시작했다. 우리는 다시 돛을 올리고, 해를 주시하며 남동쪽 방향으로 항로를 잡았다. 밤이 되자 바람은 같은 방향에서 더욱 강해졌다. 우리는 조선의 가장 남쪽 끝이 비스듬히 우리 뒤쪽에 있는 것을 보았다. 그제야 우리는 더 이상 따라잡힐 염려가 없다고 생각하고 안도의 한숨을 내쉬었다.

9월 6일 아침, 우리는 멀지 않은 곳에서 일본의 첫 번째 섬 중 하나를 보았다. 나중에 일본인들에게 들었는데, 그날 저녁 우리는 히라도平戶 근처에 있었다.

우리 중 누구도 일본에 가 본 적이 없었기에 해안 지형을 전혀 알지 못했다. 조선인들에게서 나가사키로 가려면 우현* 쪽에 섬이 보이지 않아야 한다는 말을 들었다. 그래서 처음에는 작아

---

* 우현右舷은 고물(배의 뒷부분)에서 뱃머리를 향하여 오른쪽에 있는 뱃전을 말한다.

보였던 그 섬을 우회하여 항해하려 했고, 그날 밤이 되어서야 우리가 그 섬의 서쪽에 있다는 사실을 깨달았다.

9월 7일, 우리는 약하고 일정하지 않은 바람에 의지해 여러 섬을 끼고 항해했다. 섬들은 줄지어 늘어서 있었다. 저녁 무렵 우리는 돛을 내리고 밤을 보내기 위해 만으로 노를 저어 들어갔다. 바람이 수시로 바뀌는 탓에 밤새 항해를 계속하는 것은 위험하다고 판단했기 때문이다. 그러나 만으로 들어가려는 순간 수많은 배의 불빛이 보여 되돌아가는 것이 낫겠다고 생각했다. 우리는 다시 돛을 올리고 순풍을 타고 밤새워 항해했다. 날이 밝았을 때 우리는 여전히 어젯밤과 같은 곳에 있었다. 해류에 떠밀려 되돌아온 것 같았다. 섬들을 피하기 위해 우리는 배를 해안에서 더 멀리 몰았다.

해안에서 약 2마일(15킬로미터) 떨어진 곳에서 강한 맞바람을 만났다. 부서지기 쉬운 우리의 작은 배로는 버티기 힘들어, 어떻게든 만으로 들어가 피난처를 찾아야 했다. 우리는 돛을 내리고 닻을 내린 뒤 식사를 준비했다. 그 순간 우리가 어디에 있는지는 전혀 알 수 없었다. 가끔 일본 어선들이 우리를 신경 쓰지 않고 지나쳐 갔다.

저녁이 되자 바람이 잦아들기 시작했다. 막 다시 항해를 시작하려는데 여섯 명이 탄 배 한 척이 만으로 들어왔다. 이를 본 우리는 서둘러 닻을 올리고 돛을 펼쳐 빠져나가려 했다. 맞바람만 아니었다면 성공했을 것이다. 그러나 점점 더 많은 배들이 만으로 들어오고 있었다.

그래서 우리는 돛을 내리고 이날을 위해 특별히 만든 깃발을 올렸다. 오렌지 공에 대한 연대를 상징하는 주황색(오렌지), 흰색, 파란색의 줄무늬가 있는 깃발*이었다. 일본인으로 보이는 사람들이 소리가 들릴 만한 거리까지 다가왔을 때, 우리는 일제히 "홀란드, 나가사키!"를 외쳤다. 만으로 가장 먼저 들어온 배가 우리 쪽으로 다가왔다. 일본인 한 명이 우리 배에 올라타더니, 그때 키를 잡고 있던 사람에게 자기 배로 옮겨 타라고 손짓했다. 그러고는 우리 배를 예인하여 작은 곶을 돌아 항해하기 시작했다.

반대편에는 작은 어촌 마을이 있었다. 이곳에서 그들은 우리 배를 큰 닻과 굵은 밧줄로 묶었다. 그들은 항해사를 제외하고 우리 일행 중 몇 명을 해안으로 데려갔다. 그들을 심문하려는 시도가 있었지만, 양측이 서로 대화가 전혀 안 되어 별다른 성과는 없었다. 우리 항해사는 계속해서 "홀란드, 나가사키!"를 외쳤다.

---

* 오라녀 공 빌럼 1세(오렌지 공)는 네덜란드 독립 전쟁을 승리로 이끈 영웅으로, 그의 가문 이름인 '오라녀Oranje'에서 네덜란드를 상징하는 주황색(오렌지)이 유래되었다.

하지만 그들이 마지막 단어는 이해하는 것 같았다. 점점 더 많은 일본인들이 특정 방향을 가리키며 우리에게 고개를 끄덕였다. 그런데 우리의 출현은 큰 소동을 일으켰다. 모든 것이 혼란에 빠졌고, 온 마을 사람들이 우리를 구경하기 위해 나왔다.

저녁 무렵, 큰 범선 한 척이 돛을 내린 채 만으로 들어왔다. 우리는 그 배에 태워졌고, 그곳에는 상당히 위엄 있어 보이는 한 남자가 앉아 있었다.

나중에 나가사키에 도착해서 알게 되었는데, 그는 그 섬에서 세 번째로 높은 고위 관리였다고 한다. 그는 친절한 사람이었다. 그는 우리에게 미소를 지었다. 그는 우리를 가리키며 우리가 네덜란드인이냐고 물었다. 우리는 격렬하게 고개를 끄덕였다. 그러자 그는 우리가 4~5일 안에 나가사키로 이송될 것이라고 말해주었다. 그리고 그곳에 다섯 척의 네덜란드 배가 정박해 있다고 했다.

우리는 차례로 우리가 조선에서 왔다는 것을 그에게 분명히 알리려고 노력했다. 우리가 13년 전에 난파되어 그 이후로 조선에 머물렀다는 것, 그리고 이제 우리 동포들에게 합류하기 위해 나가사키로 가려 했다고 전했다.

이렇게 친절한 환대를 받게 되어 우리는 크게 안도했다. 전에 조선인들이 일본 땅을 밟는 외국인은 그게 누구든 즉시 매를 맞아 죽는다고 우리를 겁준 적이 있었다. 이를 보면 나라들 사이에서 얼마나 황당한 헛소문들이 떠도는지 알 수 있다.

9월 9일, 10일, 그리고 11일, 우리는 정박한 채 머물렀다. 몸을 쭉 펴고 싶은 사람은 상륙하는 것이 허용되었지만, 엄격하게 감시를 받았다. 우리는 일본인들에게 보급품, 물, 땔감, 그리고 그 이상의 필요한 것들을 받았다. 마침 비가 내리기 시작했기 때문에, 그들에게 짚 깔개를 받아 작은 천막을 만들어 비를 피할 수 있었다.

9월 12일, 나가사키로 가기 위한 모든 준비가 끝났다. 오후에 닻을 올렸고, 저녁 무렵 섬 반대편에 도착해 밤을 보내기 위해 정박했다.

13일 해 뜰 무렵, 앞서 언급한 고위 관리가 큰 범선에 올라 탔다. 그는 황궁에 전할 서신 몇 통과 물품들을 가지고 있었다. 그러고 나서 우리는 닻을 올렸다. 우리는 큰 배 두 척과 작은 배 두 척과 함께 항해했다. 육지에 가장 먼저 상륙했던 두 동료는 큰 배 중 한 척에 타고 있었다. 우리는 그들을 나가사키에 도착해서야 다시 만날 수 있었다.

저녁 무렵, 우리는 나가사키 만에 도착했고, 자정에는 정박지에 도착했다. 맑은 밤이었기 때문에, 그들이 우리에게 이야기했

던 다섯 척의 네덜란드 배를 선명하게 볼 수 있었다.

이것은 감동적인 순간이었다. 우리 대부분은 눈물을 글썽였다. 우리는 서로를 얼싸안고 기쁨으로 목이 쉬도록 소리쳤다.

14일 아침, 우리는 나가사키에 상륙했고, 그곳에서 네덜란드 동인도회사의 통역관이 우리를 맞아 우리의 모험에 대해 수없이 많은 질문을 했다. 우리의 이야기를 듣고, 그는 우리가 그토록 작은 배로 탈출하여, 미지의 바다를 건너 위험한 여정을 감행하고 동포들에게 합류한 것에 감탄했다.

그리고 우리는 다리를 건너 데지마* 섬으로 갔다. 그곳에서 우리는 최고 책임자인 빌렘 폴거 경과 그의 후임인 니콜라스 데레이, 그리고 다수의 회사 직원에게 환영받았다. 우리는 따뜻한 환대를 받았고, 네덜란드 의복을 제공받았다.

우리는 정확히 13년 28일간 지속된 이 위험한 모험이 끝났다는 사실을 거의 믿을 수 없었다. 우리는 우리의 기도를 들어주시고 우리의 노력을 이토록 좋은 결말로 보상해 주신 위대한 주님께 감사드렸다. 우리는 조선에 남아 있는 여덟 명의 동료 역시 감옥에서 풀려나 언젠가 고국과 가족들에게 돌아갈 수 있기를 바란다고 이야기했다. 전능하신 주님께서 그들을 도와주시길 빈다.

10월 25일, 통역관의 안내로 섬을 떠나 나가사키 총독 앞으로 인도되었다. 총독은 다시 우리 각자에게 이전에 했던 질문을 각각 하였고, 우리는 지난번과 같이 우리가 알고 있는 사실을 바탕으로 성실히 답변하였다. 답변 후 통역관이 다시 우리를 섬으로 데려다주었다.

---

* 에도시대 일본과 무역관계에 있던 네덜란드를 위해 에도 막부에서 나가사키에 설치한 무역 거주구.

일본 측의 심문에 관한 보고

1. 귀하들은 어느 나라 사람들이며 어디에서 왔는가?

- 우리는 네덜란드인이며 조선에서 왔다.

2. 어떻게, 그리고 언제 조선에 도착하였는가?

- 1653년 8월 16일, 5일간 지속된 폭풍으로 인해 스페르베르호가 좌초하였다.

3. 어디에 좌초하였는가? 승선 인원과 대포는 몇 문이었는가?

- 우리가 켈파르트라 부르고 조선인들이 제주라 부르는 섬의 해안에 좌초하였다. 승선 인원은 64명이었으며, 대포는 30문이었다.

4. 켈파르트섬의 크기는 얼마나 되며, 본토와의 거리는 어느
정도인가?

- 켈파르트섬의 둘레는 약 15마일(111킬로미터)이다. 매
  우 비옥하고 인구가 밀집되어 있으며, 본토 남쪽에서 약
  10~12마일(74~89킬로미터) 떨어져 있다.

5. 어디에서 출발하였으며 어느 항구들을 경유하였는가?

- 1653년 6월 18일, 바타비아에서 출발하여 포모사를 목적
  지로 하였다. 선상에는 베르뷔르흐 씨를 대신하여 포모사
  의 통치 책임자로 부임할 카이사르 씨가 탑승하고 있었다.

6. 어떤 화물을 적재하고 있었으며, 그 목적은 무엇이었는가?

- 사슴 가죽, 설탕, 명반 및 기타 물품을 적재하고 있었다. 이
  들의 목적지는 일본이었다. 당시 코이제트 씨가 데지마의
  통치 책임자였다.

7. 스페르베르호의 선원, 대포, 화물은 어떻게 되었는가?

- 난파 시 28명이 익사하였다. 대포 중 일부는 인양되었으나
  해수로 인해 심하게 부식되었다. 화물은 일부만 찾았으며,
  현재 이들 물품의 소재는 알 수 없다.

8. 난파 이후 조선인들에게 어떤 대우를 받았는가?

　- 우대를 받았다. 숙소가 제공되었고, 음식과 음료가 지급되
　　었다.

9. 중국인 및 기타 중국 배를 나포하거나 중국 해안을 습격하
라는 당국의 명령을 받았는가?

　- 그러한 명령은 받지 않았다. 우리의 임무는 일본으로 직항
　　하는 것이었다. 그러나 폭풍으로 인해 항로를 이탈하여 조
　　선에 표류하게 되었다.

10. 선상에 기독교인이나 다른 국적의 사람이 있었는가?

　- 선원은 전원 동인도회사 소속 직원들로만 구성되어 있
　　었다.

11. 켈파르트섬에 얼마나 머물렀으며, 이후 어디로 이송되었
는가?

　- 켈파르트에 약 10개월간 체류하였다. 그곳에서 국왕의 거
　　처가 있는 서울로 이송되었다.

12. 서울은 켈파르트에서 얼마나 떨어져 있으며 여정은 얼마
나 소요되었는가?

- 서울은 켈파르트 북쪽으로 약 90마일(667킬로미터) 떨어져 있다. 섬과 본토 사이의 해협은 약 10~12마일(74~89킬로미터) 폭이다. 본토 남단에서 말을 타고 14일을 더 이동하였다.

13. 서울에 얼마나 머물렀으며, 그곳에서 무엇을 하였고, 어떻게 생계를 유지하였는가?

- 국왕의 호위대로 임명되어 월 70캐티(42킬로미터)의 쌀을 배급받았다. 서울에서 3년간 거주하였다.

14. 서울 체류가 어떻게 종료되었으며 국왕은 귀하들을 어디로 보냈는가?

- 우리의 일등항해사와 다른 동료가 청나라 사절에게 접근하였다. 그들은 중국을 경유하여 귀국하려 시도하였으나 실패하였고, 우리는 전라도로 유배되었다.

15. 청나라 사절에게 접근한 두 동료는 어떻게 되었는가?

- 그들은 즉시 투옥되었다. 이후 그들이 사망하였다는 소식을 들었으나, 어떻게 최후를 맞이했는지는 알지 못한다.

16. 조선국의 크기는 어느 정도인가?

- 남북 길이는 약 150마일(1,113킬로미터), 동서 폭은 약 80마일(593킬로미터)로 추정된다. 국가는 8개 도로 나뉘어 있으며, 360개의 도시와 다수의 크고 작은 섬들이 있다.

17. 조선에 다른 국적의 기독교인들도 있는가?

- 기독교인은 만나지 못했다. 다만 얀 얀세 벨테브레이라는 네덜란드인을 만났다. 그는 1627년 타이완에서 출발한 배를 타고 조선에 표류하여 동료들과 함께 포로가 되었다. 또한 전쟁 때문에 본국에서 탈출한 중국인이 몇 명 있었다.

18. 그 얀 얀세라는 사람은 아직 생존해 있는가? 그렇다면 어디에 거주하고 있는가?

- 알 수 없다. 10년간 그를 보지 못했으며, 그는 이미 젊지 않은 나이였다. 그는 궁에 거주하고 있었다.

19. 조선의 군대는 어떻게 무장하고 있는가?

- 화승총, 검, 활과 화살로 무장하고 있다. 또한 일부 대포도 보유하고 있다.

20. 성과 요새가 있는가?

- 도시 자체는 방어가 어렵기 때문에, 대부분의 도시 인근에

요새나 성벽이 있으며, 주로 높은 산에 위치한다. 이러한 요새들은 항상 3년분의 식량과 탄약을 비축하고 있다.

21. 조선인들은 몇 척의 전선을 운용하고 있는가?

- 각 도시가 전선 1척을 유지하고 있다. 각 전선은 200~300명의 선원과 병사로 구성되어 있으며, 소형 대포 몇 문을 장비하고 있다.

22. 조선은 어느 나라와 전쟁 중이며, 어느 나라에 조공을 바치고 있는가?

- 전쟁 중인 나라는 없으나, 청나라에 조공을 바치고 있다. 청나라 사절은 연 3회 조공을 수취하러 온다. 또한 일본에도 조공을 바치고 있으나 그 액수는 알지 못한다.

23. 조선인들은 어떤 종교를 믿으며, 귀하들을 개종시키려 했는가?

- 우리가 보기에 중국인들과 동일한 종교를 지닌 것으로 추정된다. 타인을 개종시키려 하지는 않았다.

24. 사원과 불상이 많은가? 그리고 의식에서 어떤 기능을 하는가?

- 산에 많은 사원과 수도원이 자리 잡고 있으며, 그 안에 다수의 불상이 있다. 이들은 우리가 보기에 중국에서와 같은 방식으로 숭배되는 것으로 추정된다.

25. 승려가 많은가? 그들의 외형은 어떠한가?

- 승려는 매우 많다. 그들은 노동과 구걸로 생계를 유지한다. 의복은 일본 승려의 의복과 동일하다.

26. 조선인들은 어떻게 옷을 입는가?

- 중국식이다. 말총이나 소털, 때로는 대나무로 만든 모자를 쓴다. 신발과 버선을 신는다.

27. 쌀과 기타 곡물이 많이 재배되는가?

- 남부 지역에서 쌀이 많이 재배된다. 그러나 가뭄 시기에는 흉작이 들어 기근이 발생한다. 1660년, 1661년, 1662년에는 수천 명이 굶어 죽었다. 또한 목화가 재배된다. 북부에서는 보리와 조도 재배한다.

28. 말과 소가 많은가?

- 소는 매우 적으나 말은 매우 많다. 약 3년 전부터 전염성 가축 질병으로 인해 소의 수가 급격히 감소하였다.

29. 조선과 교역하러 오는 외부 나라가 있는가?

- 조선에서 교역하는 유일한 나라는 일본이다. 그들은 국내
에 거류지를 두고 있다.

30. 일본인 거류지를 방문한 적이 있는가?

- 방문한 적이 없다. 우리에게 엄격히 금지되어 있었기 때문
이다. 중국인들에게는 인삼 뿌리와 기타 물품을 판매한다.

31. 조선인들은 어떤 방식으로 교역하는가?

- 수도에서는 부유층이 은으로 거래하고, 평민들은 다른 도
시들과 마찬가지로 가치에 따라 면포, 쌀 및 기타 곡물로
거래한다.

32. 조선인들은 중국과 어떤 교역을 하는가?

- 중국에서 우리 네덜란드인들이 일본에 제공하는 것과 동
일한 종류의 물품을 구입한다. 또한 비단도 구입한다.

33. 조선에 은광이나 기타 광산이 있는가?

- 조선인들은 수년간 일부 은광을 채굴해 왔다. 수익의 4분
의 1은 국왕에게 귀속된다. 우리가 아는 한 다른 광산은
없다.

34. 인삼 뿌리는 어디에서 나며, 그 용도는 무엇이고, 어디로 수출되는가?

- 인삼 뿌리는 조선 북부에서 자라는 식물에서 나온다. 약재로 사용된다. 수확의 일부는 조공의 일환으로 청나라에게 제공된다. 또한 중국과 일본으로 수출된다.

35. 조선과 중국이 육로로 연결되어 있는지 아는가?

- 두 나라가 산맥을 통해 연결되어 있다고 들었다. 겨울철에는 혹한으로 인해, 여름철에는 그곳에 서식하는 맹수로 인해 이 산맥을 통과할 수 없다. 그러므로 양국 간 연결은 해로를 이용하는데, 여름철에는 배로, 겨울철에는 얼음 위를 말을 타고 이동한다.

36. 조선에서 지방관의 임명은 어떻게 이루어지는가?

- 도의 관찰사는 1년 임기로, 일반 지방관은 3년 임기로 임명된다.

37. 전라도에 얼마나 거주하였으며, 어떻게 생계를 유지하였고, 몇 명이 그곳에서 사망하였는가?

- 병영이라는 도시에서 약 7년간 거주하였다. 월 50캐티(30kg)의 쌀을 배급받았다. 그동안 11명의 동료가 사망하

였다.

38. 왜 다른 도시들로 이주하였으며, 그 도시들의 이름은 무엇인가?

- 1660년, 1661년, 1662년의 극심한 가뭄으로 인해 식량이 부족하여 지방관이 우리에게 월 배급을 제공할 수 없었다. 그래서 국왕이 좌수영(여수)에 12명, 순천에 5명, 남원에 5명으로 우리를 나누어 보냈다.

39. 전라도의 크기는 어느 정도이며 어디에 위치하는가?

- 본토 최남단에 전라도가 위치한다. 52개 도시를 포함하고 있으며, 인구가 밀집되어 있고 땅이 매우 비옥하다.

40. 국왕이 귀하들을 국외로 보냈는가? 아니면 도주하였는가?

- 8명이 함께 도주하였다. 국왕이 결코 우리를 보내 주지 않을 것임을 알았기 때문이다. 우리는 남은 평생을 그 나라에서 사는 것보다 차라리 죽음을 무릅쓰는 것을 선택하였다.

41. 당시 총 인원은 몇 명이었으며, 남겨진 사람들은 귀하들의

출발을 알고 있었는가?

- 총 16명이었다. 다른 사람들에게 알리지 않고 8명이 떠났다.

42. 왜 다른 사람들에게 알리지 않았는가?

- 그들은 우리와 함께 올 수 없었기 때문에 알리지 않았다. 교대로 8명에게만 외출 허가가 주어졌다.

43. 남겨진 사람들은 어떻게 그 나라를 떠날 수 있는가?

- 일본 천황이 그들의 석방을 서면으로 요청한다면, 국왕은 거절하지 않을 것이다. 매년 천황이 조선의 표류민들을 본국으로 송환하고 있기 때문이다.

44. 다른 탈출 시도를 한 적이 있는가?

- 두 차례 시도하였다. 첫 번째 시도는 조선 배의 조종법을 몰라 실패하였으며, 돛대가 두 차례나 부러졌다. 청나라 사절에게 접근한 시도는 국왕이 사절에게 뇌물을 주어 성공하지 못했다.

45. 국왕에게 석방을 요청한 적이 있는지, 있다면 왜 거절하였는가?

- 국왕과 왕실 평의회*에 여러 차례 석방을 요청하였다. 항상
거절당하였으며, 그 이유는 조선이 외국에 알려지는 것을
원치 않기 때문에 외국인을 절대 떠나보내지 않는다는 것
이었다.

46. 배는 어떻게 구하였는가?

- 우리가 힘들게 번 돈과 구걸하여 모은 돈으로 구입하였다.

47. 이것이 귀하들이 구입한 첫 번째 배였는가?

- 아니다, 세 번째였다. 이전의 두 척은 일본으로 건너가기에
는 너무 작은 것으로 판명되었다.

48. 어느 곳에서 도주하였는가?

- 우리 중 5명이 거주하던 좌수영과 나머지 3명이 거주하던
순천에서 도주하였다.

49. 나가사키까지의 거리는 얼마나 되며, 얼마나 걸렸는가?

- 전라좌수영과 나가사키 사이의 거리는 약 50마일(371킬

---

* 조선시대 임금과 신하들이 조정朝廷에 모여 나라의 정치를 논하는 것을 말한다. 어
전회의.

로미터)로 추정된다. 전라좌수영에서 고토*까지 3일이 걸렸다. 그곳에 4일간 체류한 후 나가사키까지 2일이 걸렸다. 총 여정은 9일이 소요되었다.

50. 왜 고토에 갔으며, 그들이 귀하들을 막으려 할 때 왜 도주하려 하였는가?

- 폭풍을 피해 그곳에 숨어 있었으며, 폭풍이 잠잠해지자 여정을 계속하기로 결정하였다.

51. 고토에서 어떤 대우를 받았으며, 그곳에서 무언가 요구받은 것이 있는가?

- 우리 동료 중 두 명이 심문을 위해 끌려갔다. 나머지는 아무것도 요구받지 않고 좋은 대우를 받았다.

52. 귀하들 중 누군가는 일본에 가 본 적이 있는가? 그렇지 않다면 어떻게 항로를 알았는가?

- 아무도 일본에 가 본 적이 없다. 나가사키에 가 본 적이 있는 몇몇 조선인들이 어떻게 항해해야 하는지 알려 주었다. 또한 항해사가 말해 준 내용을 기억하고 있었다.

---

* 일본 나가사키현의 서부 지역.

53. 조선에 남겨진 동료 8명의 이름, 직책, 나이는 무엇인가?

- 요하니스 람펜, 조수, 36세

- 헨드릭 코르넬리스, 이등갑판장, 37세

- 얀 클라스젠, 요리사, 49세

  (남원 거주)

- 야코프 얀세, 병참 장교, 47세

- 안토니 울데릭, 포수, 32세

- 클라스 아런츠센, 잡부, 27세

  (여수 거주)

- 산데르 바스켓, 포수, 41세

- 얀 얀세 스펠트, 하급 갑판원, 35세

  (순천 거주)

54. 나가사키에 도착한 동료 8명의 이름, 직책, 나이는 무엇인가?

- 헨드릭 하멜, 서기, 36세

- 고베르트 데네이선, 조타수, 47세

- 마테위스 이보켄, 하급 선의, 32세

- 얀 피터르센, 포수, 36세

- 헤릿 얀센, 포수, 32세

- 코르넬리스 디르크세, 하급 갑판원, 31세

- 베네딕투스 클레르크, 잡부, 27세

- 데니스 호베르첸, 잡부, 25세

이상 1666년 9월 14일, 우리가 사실대로 답변하였음.

조선국에 대한 설명

지리적 상황

이 나라는 우리가 '코레Coree'라고 부르고, 현지인들이 '조선국'이라 부르는 곳으로, 북위 33도에서 44도 사이에 위치한다. 남북의 길이는 약 150마일(1,113킬로미터), 동서의 폭은 약 75마일(556킬로미터) 정도이다. 조선의 지도 제작자들은 자국의 지도를 길쭉한 직사각형, 즉 카드 모양으로 그리는데, 여러 부분이 바다 쪽으로 길게 뻗어나간 형태를 하고 있다.

이 나라는 8개의 도道로 나뉘어 있으며, 그 안에는 360개의 도시가 존재한다. 또한 산악지대와 해안가를 따라 수많은 요새와 성채가 자리 잡고 있다. 현지 사정을 잘 모르는 이가 배를 타고 이 나라에 접근하는 것은 매우 위험한데, 이는 해안선을 따라 암석과 얕은 지대가 곳곳에 분포해 있어 안전한 항해를 방해하기 때문이다.

국토는 인구밀도가 높으며, 남부 지역에서 생산되는 쌀, 곡물, 면화 등의 풍부한 잉여생산물 덕분에 풍년에는 자급자족이 가능하다. 동남쪽으로는 일본과 매우 가까이 있다. 조선의 도시 부산과 일본의 오사카* 사이의 거리는 약 25~26마일(185~192킬로미터)이다.

조선과 일본 사이의 해협에는 쓰시마섬이 있으며, 조선인들은 이 섬을 티마테(대마도)라고 부른다. 조선인의 전언에 따르면, 이 섬은 원래 조선의 영토였으나, 일본이 켈파르트섬과 교환하여 가져갔다고 한다. 서쪽으로는 험준한 산맥으로 중국과 분리되어 있어, 이 나라는 거의 섬과 같다.

동북쪽에는 광활한 바다가 있다. 그곳에서는 네덜란드제 작살**이 박힌 고래들이 종종 발견된다. 1월에서 4월 사이에는 많은 청어가 잡히는데, 첫 두 달 동안 잡히는 청어는 북해에서 잡히는 것과 같은 종류이다. 그 이후에는 좀 더 작은 종의 청어가

---

* 거리로 보아 하카타일 가능성이 높다는 의견이 많다.
** 네덜란드는 당시 대표적인 포경 국가로 서양 포경의 흔적을 의미한다.

잡힌다. 아마도 바이가트*로부터 이어지는 수로가 존재하는 것
으로 추정된다.

조선에서 중국으로 여행하려는 사람은 대부분 배를 이용한다.
여름에는 산맥에 야생동물이 너무 많아 육로로 가는 것이 위험
하고, 겨울에는 혹한 때문에 육로 여행이 불가능하기 때문이다.
　겨울에는 만의 북쪽 부분이 얼어붙기 때문에 말을 타고 중국
으로 이동하기가 쉽다. 북쪽 지역에는 겨울마다 눈이 엄청나게
내린다. 1662년에 우리는 산속의 한 사찰에 있었는데, 눈이 너
무 많이 쌓여 한 집에서 다른 집으로 이동하기 위해 눈 밑에 굴
을 파야 했다. 눈 위를 걸을 수 있도록 조선인들은 발에 작은 나
무판자를 묶어 눈에 빠지지 않게 했다.

이 지역 사람들은 쌀이 자라지 않기 때문에 보리와 기장을
주식으로 삼는다. 면화 또한 재배되지 않아 남쪽 지방에서 공급
받아야 한다. 이 지역의 일반 사람들은 대부분 삼베, 아마포, 혹
은 가죽으로 만든 남루한 옷차림을 하고 있다. 그러나 이 지역에
서는 인삼이 자란다. 이 식물의 뿌리는 청나라에 조공으로 바쳐
지며, 또한 중국과 일본으로 대량 수출된다.

---

* 네덜란드 해협.

국왕의 권력

조선은 청나라에게 속국으로 간주될 수 있지만, 청나라는 지방 행정에 관해서는 왕의 주권을 존중했다. 왕은 자신의 권력을 거의 제한 없이 행사했다. 왕의 자문기관인 왕실회의는 단지 자문 역할만 한다. 조선에는 도시, 마을, 섬 등을 소유한 봉건 영주가 없다. 부유한 사람들은 농지와 노비를 통해 수입을 얻는다. 일부는 2~3천 명 이상의 노비를 소유하기도 한다. 왕이 소유한 섬이나 땅을 빌린 사람도 있지만, 그들이 사망하면 해당 재산은 왕에게 반환된다.

국방과 병역

나라 방위를 위해 수도에는 수천 명의 병사들이 있으며, 기병과 보병으로 구성되어 있다. 이들은 왕이 유지한다. 병사들의 임무는 왕을 경호하고, 왕이 외출할 때 보호하는 것이다. 각 도는 7년에 한 번씩 모든 양민을 수도로 보내어 두 달 동안 왕궁을 경비해야 한다. 두 달마다 다른 집단이 배치되며, 매년 다른 도에서 병력이 보내진다. 각 도에는 사령관(관찰사)이 있으며, 사령관 아래에는 서너 명의 부사령관(절도사)이 있다. 각 사령관 아래에는 도시나 요새를 지휘하는 여러 명의 지휘관(목사 또는 부사)이 있다. 각 고을에는 수령이, 각 마을에는 촌장이 있으며, 10명 단위로 한 명씩 우두머리가 있어 병사들을 지휘한다. 모든 장교와 지휘관은 자신이 지휘하는 병사의 이름을 기록해야 하며, 이 기록은 매년 상급자에게 제출해야 한다. 이를 통해 왕은 자신이 보유한 병력의 수를 항상 파악할 수 있다. 기병은 항상 갑옷과 투구를 착용하며, 검, 활과 화살, 날카로운 끝이 있는 일종의 도리깨 같은 무기*를 지닌다. 보병 중 일부는 철판과 동물 뼈로 만든 갑옷과 투구를 착용하며, 화승총, 검, 짧은 창으로 무장한다. 장교는 활과 화살로 무장한다. 각 병사는 자신의 돈으로 화약과 50발 분량의 탄환을 지참해야 한다. 우리가 서울에서 근무할 때, 화약이 충분하지 않다는 이유로 어느 날 맨 엉덩이에 10대의 매질을 당하기도 했다. 각 도시는 주변 사찰에서 일정 수의 승려를 선발하여 산속의 요새와 성곽을 관리하게 한다. 필요할 경우 이 승려들은 병사로 활용되며, 검과 활, 화살로 무장한다. 이들은 조선 최고의 병사로 간주되며, 자체 계급에서 선출한 지휘관의 명에 따른다.

60세에 도달하면 군 복무에서 제외되고, 그 자리는 자녀가 승계한다. 군에 복무하지 않는 양민은 노비와 함께 인구의 절반을 구성한다. 양민 남성과 여성 노비 사이에서 자녀가 태어나거나 남성 노비와 여성 양민 사이에서 자녀가 태어나면, 그렇게 태어난 자녀는 노비 신분이다. 남성 노비와 여성 노비 사이에서 자녀가 태어나면, 그 자녀는 여성 노비 소유주의 재산이 된다.

바다 쪽 도시는 선원과 무장 및 부속 장비를 갖춘 군용 전선

---

* 편곤鞭棍을 말한다.

한 척을 유지해야 한다. 이 전선은 2층 갑판과 20~24개의 노를 갖추고 있다. 노마다 여섯 명의 노 젓는 사람이 배치된다. 총 인원은 병사와 노 젓는 사람을 포함해 약 300명으로 구성된다. 전선에는 여러 문의 대포와 화약 무기가 탑재되어 있다.

각 도에는 해군대장(수군절도사)이 있으며, 그는 전선의 해군 병사를 훈련시키고 매년 점검한다. 그는 조사 결과를 해군 총사령관(삼도 수군통제사)에게 보고하며, 총사령관은 때때로 해군 사열을 실시한다. 수군절도사나 장군들의 임무 수행에서 사소한 결함이라도 발견되면, 책임자는 추방되거나 사형에 처해진다. 1666년 우리가 머물던 곳의 지방관에게 실제로 그런 일이 일어났다.

정치 기구

왕실 평의회는 국왕의 자문 기구를 구성한다. 매일 궁궐에서 회의를 연다. 평의회의 조언은 국왕에게 구속력이 없다. 왕실 평의회 의원은 국내 최고 요직 인사들이다. 비행을 저지르지 않는 한, 80세까지 왕실 평의회 의원으로 남는다. 이는 모든 고위 관료에 적용되며, 승진하지 않는 한 모두 80세까지 직위를 유지한다.

관찰사의 임기는 1년, 나머지 관리들의 임기는 3년이다. 그러나 이들 중 다수는 사기, 부패 또는 기타 위반 행위로 임기가 끝나기 전에 해임된다. 전국에 국왕이 보낸 첩자들이 있어 즉시 모든 부정행위를 적발한다. 적발된 자는 사형 또는 종신 추방의 위험에 처한다.

재정

국왕은 농업과 어업 수익에 부과되는 세금으로 재정을 충당한다. 이 세금은 종종 현물로 납부되며, 이를 위해 국왕은 모든 도시와 마을에 창고를 보유하고 있다. 국왕이 받은 세입은 10%의 이자로 평민에게 다시 대출한다. 부유한 사람들은 앞서 언급한 바와 같이 자신의 재산으로 생활하며, 국왕을 섬기는 경우 그에게 받는 수당으로 생활한다. 지방 당국은 도시와 마을 모두에서 가옥이 건축된 토지에 세금을 부과한다. 세금의 액수는 토지 면적에 따라 결정되며, 토지세 수입은 각종 지역 시설의 유지에 사용된다.

군 복무에 동원되지 않는 양민은 대체 활동으로 노역을 수행해야 하며, 연간 3개월 동안 이를 이행한다. 도시와 마을의 기병

과 보병은 수도에서 복무하는 기병과 보병의 운영을 위해 아마
포 세 필을 납부해야 한다. 그 외 다른 세금과 소비세는 이 나라
에 존재하지 않는다.

사법 행정

국왕이나 국가를 겨냥한 반역죄 또는 기타 중대 범죄는 매우 엄중하게 처벌된다. 범죄자의 전체 혈족이 제거된다. 그의 집은 땅바닥까지 철거되며, 그 장소에는 영구적으로 다른 집을 짓는 것이 금지된다. 그의 모든 노비와 재산은 몰수되며, 이는 나라의 이익을 위해 사용되거나 공로가 있는 백성에게 분배된다.

국왕이 내린 판결이나 그를 대신하여 내려진 판결을 비판하는 자는 엄벌에 처해진다. 국왕에게는 의복 제작에 매우 능숙한 형수가 있었다. 국왕은 그녀에게 옷을 만들어 달라고 요청했다. 사실 이 여성은 국왕에 대한 깊은 증오심을 품고 있었다. 그래서 그녀는 옷의 안감에 마녀의 약초를 꿰매 넣었다. 결과적으로 국왕은 그 옷을 입었을 때 매우 불편함을 느꼈고 안정을 찾을 수 없었다. 그래서 그는 옷을 조사하게 했다. 옷을 뜯어냈을 때, 그

안에 숨겨진 악의적인 약초를 발견했다. 국왕은 격분하여 그 여성을 바닥이 구리판으로 된 방에 가두었다. 그리고 불을 지펴 여성이 죽을 때까지 형벌을 가했다.*

그 여성의 지인인 고위 관리가 이에 항의했다. 그는 궁정에서 높은 평가를 받던 인물이었다. 그는 여성, 특히 지체 높은 집안의 여성을 그렇게 대해서는 안 된다고 생각했다. 그 결과 고위 관리는 체포되었다. 그는 정강이에 120대의 매질을 당한 후 참수되었고, 재산과 노비는 몰수되었다.**

앞으로 언급할 다른 범죄들은 개인 범죄로 간주된다. 반역죄의 경우와 달리 범죄자의 가족은 처벌받지 않는다.

남편을 살해한 여성은 많은 사람이 지나다니는 도로 옆에 머리만 땅 위로 나오도록 매장된다. 그녀 옆에는 나무 톱을 놓아두어, 양반을 제외한 지나가는 모든 사람이 그녀가 죽을 때까지 그녀의 머리를 한 번씩 톱질하게 한다. 살인이 발생한 도시나 지역은 수년간 자체 지방관을 둘 권리를 상실한다. 이 기간에 그 도시는 인근 도시의 지방관이나 국왕을 대신하는 양반이 관리

---

* 강빈옥사姜嬪獄事를 말하는 듯하다. 강빈옥사는 조선시대에, 효종의 형수인 소현세자 빈 강씨가 시아버지인 인조에게 올리는 음식에 독약을 넣었다는 무고로 폐출되어 사약을 받고 사망한 사건을 말하는데, 하멜이 말한 것과는 내용이 좀 다르다.
** 1654년(효종 5)에 황해감사 김홍욱金弘郁이 강빈의 억울함을 주장했지만, 이 일로 심문을 받다가 매를 맞고 죽었다. 하멜이 서울에 온 해에 벌어진 일이다.

한다. 아내를 살해한 남성은 간통이나 결혼 의무 불이행 등 정당한 사유를 입증할 수 있으면 무죄 방면된다. 여성 노비를 살해한 남성은 그 노비 소유주에게 몸값의 3배를 배상해야 한다. 주인을 살해한 노비는 사망할 때까지 장시간 고문을 당한다. 주인은 사소한 위반 행위로도 자신의 노비를 살해할 수 있다. 일반적으로 살인자는 피해자를 살해한 방식과 동일한 방식으로 처형되지만, 먼저 발바닥에 여러 차례 매질을 당한다.

과실치사를 저지른 죄인은 다음과 같이 처벌된다. 시신을 식초와 오물이 섞인 물로 씻는다. 이 혼합물을 깔때기를 통해 범죄자의 입에 부어 넣는다. 그런 다음 부풀어 오른 배를 막대기로 터질 때까지 구타한다.

절도와 강도 또한 엄벌에 처해지지만, 도둑질이 빈번하게 발생한다. 도둑은 일반적으로 기절할 때까지 발바닥을 구타당한다.

기혼 여성과 간통한 자는 그 여성과 함께 발거벗기거나 얇은 속옷만 입고 도시를 끌려다닌다. 두 사람 모두 얼굴에 소석회를 바르고, 양쪽 귀에 화살을 꽂으며, 등에는 작은 북을 묶는다. 사법 관리가 북을 두드리며 "보시오. 여러분! 이 남자와 이 여자가 간통했소!"라고 외친다. 이렇게 도시를 끌려다닌 후, 관아 앞에서 엉덩이에 50~60대의 매질을 당한다.

제때 세금을 납부하지 않는 자는 빚을 갚을 때까지 한 달에 2~3회 정강이를 구타당한다. 그전에 사망하면 가족이나 친척이 빚을 변제해야 한다.

이 나라에서 가장 일반적인 처벌은 종아리나 엉덩이에 매질을 하는 것이다. 사소한 위반 행위로도 이런 벌을 받을 수 있기 때문에 이를 불명예스러운 것으로 간주하지 않는다.

일반 지방관은 관찰사의 동의 없이 사형을 선고할 수 없다.

정강이 매질은 다음과 같이 행해진다.

죄인은 다리를 묶인 채 의자에 앉는다. 정강이에 두 개의 띠를 두르는데, 무릎 아래에서 발 위 사이에 한 뼘 정도의 넓이로 띠를 두르는 것이다. 그리고 그 사이를 참나무나 오리나무로 만든 막대기로 구타한다. 막대기는 한 팔 길이이며, 위는 둥글고 아래는 평평하며, 두 손가락 너비에 2.5길더* 동전 두께이다. 30대를 맞은 후 죄인은 3~4시간 휴식을 취한다. 그런 다음 정해진 횟수가 완료될 때까지 처벌이 계속된다.

---

* 근세 이래 네덜란드 및 네덜란드의 식민지 지역에서 쓰였던 화폐 단위이다.

발바닥 매질은 다음과 같이 행해진다.

죄인이 땅에 앉은 상태에서 두 엄지발가락을 묶고 묶인 발을 들어 들보 위에 올린다. 팔뚝 두께의 둥근 막대기로 판관이 결정한 시간 동안 발바닥을 구타한다.

엉덩이 매질은 다음과 같이 행해진다.

죄인은 바지를 내리고 엎드린다. 때때로 형틀에 묶기도 한다. 도덕적 이유로 여성은 바지를 입은 채로 있을 수 있지만, 대신 타격을 더 잘 느끼도록 바지에 물을 적신다. 매질용 막대기는 약 5피트*(1.5미터) 길이에 위는 둥글고 아래는 한 뼘 너비에 새끼손가락 두께이다. 100대의 매질은 죄인의 사망을 의미한다.

매질은 회초리로도 이루어진다. 손가락 두께에 약 3피트(90센티미터) 길이의 나뭇가지 다발을 사용한다. 죄인은 틀에 서서 이 회초리로 종아리를 맞는다. 어린이에게는 더 얇은 가지를 사용한다.

많은 죄인들이 고통으로 비명을 지르고, 또 다른 이들은 애처롭게 신음한다. 따라서 이러한 고문은 보는 이들에게도 진정한 고통을 안겨 준다.

---

* 길이의 단위이다. 1피트는 약 30.5센티미터이다.

종교

종교와 관련하여, 사찰, 승려, 종교적 관행을 살펴보면, 일반 백성들은 여러 신보다 나라의 관리를 더 존중하는 것 같다고 결론 내리겠다. 경제적으로 여유 있는 계층은 종교적 존중조차 덜하다. 그들은 스스로를 존경하며 자신과 비슷한 사람들을 신보다 더 높게 여긴다. 조선에서는 신분과 관계없이 사람이 죽으면 승려들이 와서 기도를 올리고 음식을 바치는 의례를 행한다. 이때 가족과 친지들이 참석하며, 고위 관리가 사망할 경우 30~40마일(222~296킬로미터) 떨어진 곳에서도 가까운 친척들이 장례식에 참여한다.

공식적인 명절에는 일부 농민과 백성들이 신을 기리기 위해 제사를 지낸다. 그들은 향로에 불을 붙여 신상 앞에 놓고, 잠시 주문을 외운 뒤 몇 차례 절을 하고 자리를 뜬다. 이들은 선을 행하면 반드시 보답을 받고, 악을 저지르면 결국 벌을 받는다고 믿는다. 설교나 가르침은 조선 종교의 일부가 아니며, 종교 문제에 대해 토론하지도 않는다. 우리나라처럼 다양한 종교가 존재하지 않고, 전국적으로 신을 기리는 방식이 동일하다.

승려들은 하루에 두 차례 신상 앞에서 향을 올리고 기도한다. 공식 명절에는 많은 사람들이 사찰에 모이고, 승려들은 북과 징을 치고, 피리, 현악기 등 토속적인 악기로 독특한 음악을 연주하며 의식을 행한다.

이 나라에는 수많은 사찰과 절이 있다. 이들은 거의 모두 산속에 자리 잡고 있으며, 종종 아름다운 곳에 있기도 하다. 어떤 사찰에는 600명에 달하는 승려가 모여 살기도 한다. 도시에는 10명, 20명, 많아야 30명 정도가 거주하는 작은 사찰도 있다. 각 사찰에서는 가장 나이가 많은 승려가 책임을 맡는다. 만약 어떤 승려가 잘못 행동하면, 엉덩이에 2~30대가량의 매질을 할 수 있다. 그러나 심각한 잘못이 있으면 해당 승려는 도시의 지방관에게 넘겨진다.

승려가 부족하지는 않으나 그들의 교리는 큰 영향력이 없다. 누구나 원하면 바로 승려가 될 수 있고, 마음에 들지 않으면 그만둘 수도 있다. 그래서 승려들은 이 나라에서 크게 존경받지 못한다.

그러나 많은 사찰을 감독하는 매우 높은 지위의 승려들도 있다. 이들은 높은 존경을 받으며, 그들의 지식을 존중받는다. 그들은 왕실에 속한 것으로 여겨지며, 국새를 사용하고 사찰을 방문할 때 사법권을 행사한다. 그들은 말을 타고 다니며, 그들은 가는 곳에서 큰 의식과 함께 환영받는다.

모든 승려는 채식주의자이고 달걀도 먹지 않는다. 머리와 턱을 매끄럽게 깎으며, 여성과 대화하는 것이 금지되어 있다. 이를 어길 경우 엉덩이에 80대 정도의 매를 맞고 사찰에서 추방된다. 입산 시에는 오른팔에 문신을 새겨, 승려임을 알 수 있게 한다. 보통 승려들은 일하거나 장사하거나 구걸을 하여 생계를 유지한다.

모든 사찰에는 글 읽기, 쓰기, 종교 교육을 받는 어린 소년이 여러 명 있다. 이들도 원하면 사찰을 떠날 수 있으며, 그들은 자신을 키운 승려를 아버지로 여긴다. 승려들 중 한 사람이 죽으면 깊이 슬퍼한다. 한편, 조선에는 머리를 깎지 않고 결혼이 허락된 다른 유형의 승려도 존재한다.

사찰은 백성들이 모은 기부금으로 지어진다. 고위 관료부터 평민까지 누구나 기부한다. 그러나 이것만으로는 생활하기에 충분하지 않다.

많은 승려들이 본래 사람들은 하나의 언어를 사용했다고 믿는다. 그러다 사람들이 하늘에 닿을 정도로 탑을 쌓으려 하자 다양한 언어가 생겨났다고 전해진다.

부유한 양반들은 여가 시간을 보내기 위해 절을 자주 찾는다. 절들은 산간이나 수림 사이에 자리 잡고 있어서 경관이 좋다. 이들은 종종 기생을 동반하여 향락을 즐기고 독한 술을 과음하는데, 이로 인해 상당수 절이 참회의 장소라기보다는 매음굴이나 싸구려 술집 같은 양상을 보인다.

수도 한양에는 여승이 있는 사찰이 두 개 있었는데, 하나는 양반 여성용, 하나는 평민 여성용이었다. 그녀들 역시 삭발하고 승려들과 동일한 방식으로 의식을 거행한다. 이들은 노동이나 구걸을 하지 않고 국왕의 하사금으로 생활한다. 4~5년 전, 현 국왕(현종)은 두 절을 모두 폐쇄하고, 여승들의 혼인을 허가했다.

집과 가구

잘사는 사람들은 매우 아름다운 집에 살지만, 평민들은 판잣집 같은 것에 만족해야 한다. 일반적으로 조선인들은 집을 임의로 변경할 수 없다. 기와지붕을 얹으려면 지방관에게 허가를 받아야 한다. 그래서 대부분의 평범한 집들은 나무껍질, 갈대, 볏짚으로 지붕을 얹는다. 집들은 담이나 울타리로 구분되며, 기둥 위에 세워진다. 벽의 하부는 돌로 쌓고 상부는 목재 구조물 사이에 흙을 발라 만든다. 실내 벽은 흰 종이로 덮는다.

방바닥 아래에는 온기가 지속적으로 공급되어 빵집의 오븐처럼 항상 따뜻하다. 바닥은 기름종이로 덮여 있다. 대부분의 집은 한 층이며, 위에 작은 다락방이 있어 자잘한 물건들을 보관한다. 양반들의 집은 정면에 손님용 별채가 있는데, 친구나 지인을 맞이하고 때로는 머무르게도 한다. 이 별채는 휴식과 휴양 공간으로서 주로 안뜰 쪽으로 향하며, 분수와 연못, 식물과 나무와 바위가 있는 정원이 있다. 여성들은 집 뒤쪽 안채에서 생활하여 지나가는 사람이 볼 수 없다.

상인들은 집 옆에 창고를 두고, 물건을 보관하거나 업무용으로 사용하며 담배와 술로 손님을 대접한다. 부인들도 자주 동행한다. 때때로 다른 집을 방문하지만 부인들은 항상 따로 앉고 남편 가까이에 머문다.

대체로 집 안에는 가구가 거의 없고, 필요한 것만 있다. 모든 도시에는 남성들이 기생들의 춤과 음악, 노래를 즐기기 위해 찾는 술집과 매음굴이 많다.

여름철 날씨가 좋을 때 조선인들은 산림에서 휴식을 취하기 위해 산에 간다. 여행자들이 묵을 수 있는 여관은 존재하지 않는다. 피로한 여행자들은 민가의 안마당에 앉아 음식과 음료를 제공받는다. 양반 집 역시 지나가는 여행자들에게 항시 개방되어 있다. 다만 주요 큰길에는 공무 여행자들이 숙박하고 식사할 수 있는 역참이 설치되어 있는데, 그 마을의 공동 비용으로 운영된다.

결혼

4촌 이내 혈족 간 결혼은 금지된다. 부모가 자녀들이 10~12세일 때 혼인을 주선하므로 약혼 기간은 없다. 신부는 친정에 아들이 없는 경우를 제외하고는 시댁으로 들어간다. 신부와 신랑은 신부가 가사를 익히고 신랑이 생계 능력을 갖출 때까지 그곳에 거주한 후 독립한다. 혼례 며칠 전 신부는 친정으로 돌아간다. 혼례 당일 오전, 친지들을 동반한 신랑이 신부를 데리러 온다. 일행은 환대받은 후 전원이 말을 타고 행렬을 이루어 신방으로 이동하며, 그곳에서 혼례를 거행한다.

남성은 자녀를 여럿 두었더라도 처를 출거시킬 수 있으며 재혼이 가능하다. 반면 여성은 판관의 허가 없이는 이러한 권리를 행사할 수 없다.

남성은 부양 능력이 되는 한 다수의 처를 둘 수 있고, 원하면 기생을 찾을 수도 있다. 한 명의 여성이 본가에 거주하며 가사를 담당하고, 나머지 여성들은 별도의 가옥에 거주한다. 양반들은 통상 두세 명의 여성을 본가에 두는데, 그중 한 명이 가사를 총괄한다. 각 여성은 독립된 거처를 갖고 있으며 집주인은 임의로 방문할 수 있다.

조선인들은 여성을 사소한 이유로도 출거시킬 수 있는 노비처럼 대한다. 남성이 자녀를 원치 않으면 출거당한 여성이 자녀를 데려가야 한다. 이 나라의 인구 밀도가 높은 것은 당연하다.

교육

양반과 부유층은 자녀들에게 양질의 교육을 제공한다. 독서와 작문을 가르치기 위해 교사를 고용한다. 교육은 엄격하기보다는 온화하게 이루어진다. 자녀들은 역사 속 수많은 현인과 그들이 나라에서 어떻게 명예로운 지위를 얻었는지에 대해 배운다. 어린 자녀들이 학습 과정의 핵심을 이루는 경서들을 얼마나 부지런히 공부하는지는 주목할 만하다.

각 도시에는 나라를 위해 목숨 바친 이들을 기리는 사당이 있다. 그곳에는 옛 서적들이 보관되어 있고, 젊은이들이 와서 공부한다. 학업을 마치면 지방관에게 보고되고, 지방관은 시험관을 보내 이들을 시험한다. 관직을 맡을 만하다고 판정받은 이들의 명단은 조정으로 올라간다. 해마다 관직 후보자들을 시험하는 회의가 열린다. 합격자는 국왕의 교지를 받는다. 이 문서는 누구나 갈망하는 것이다. 많은 청년 양반들이 마침내 교지를 손에 쥐기까지의 과정에서 거지 신세가 되기도 한다. 목표를 이루려고 쓴 돈, 뇌물, 연회 비용으로 넉넉치 않은 재산을 탕진하기 때문이다. 부모들도 자식 공부시키느라 큰 빚을 지지만 상당수는 끝내 바라던 높은 벼슬을 얻지 못한다. 그래서 자식이 과거에 합격했다는 사실만으로도 부모들은 크게 만족하며, 그간의 희생이 보상받았다고 여긴다.

부모는 자녀를 지극히 사랑하며, 자녀 역시 부모를 사랑한다. 부모 중 한 명이 범죄를 저지르고 처벌을 회피하면 자녀가 책임을 져야 한다. 반대의 경우도 마찬가지이다.

반면 노비의 경우에는 부모와 자녀 간 유대가 훨씬 느슨하다. 이는 소유주가 노비의 자녀들이 노동할 수 있는 연령이 되는 즉시 부모에게서 분리하기 때문이다.

장례

아버지가 사망 시 자녀들은 3년, 어머니 사망 시에는 2년의 상을 치른다. 상을 치르는 동안 승려처럼 음식을 섭취하며 일체의 관직에 나갈 수 없다. 관직에 있는 자는 부모 사망 즉시 사직해야 한다. 상중에는 처와의 성관계가 금지되며, 이 기간에 출생한 자녀는 서출로 간주된다.

또 다툼, 싸움, 음주도 금지된다. 거친 삼베로 만든 기장 하단에 단을 두지 않은 긴 치마를 입고, 허리에는 선박의 밧줄이나 성인 남성의 팔뚝만큼 굵은 삼끈을 두른다. 머리에는 다소 가는 끈과 죽립을 쓴다. 손에는 굵은 막대기나 가는 대나무 지팡이를 든다. 막대기는 부친상을, 대나무 지팡이는 모친상을 의미한다. 상주들은 목욕을 거의 하지 않아 허수아비 같은 모습을 보이기도 한다.

사람이 죽으면 친지들은 미친 듯이 울부짖고 머리카락을 뜯는다. 장례에는 극진히 공을 들인다. 점쟁이가 가장 좋은 묫자리를 골라 주는데, 대개 산속 물이 닿지 않는 곳이다. 시신은 이중 관에 넣는다. 관 하나의 두께가 손가락 두세 마디 굵기이다. 관 안에는 망자가 저승에서 쓸 새 옷과 물건들을 가득 채운다. 집 안이 부유할수록 더 많이 넣는다. 장례는 보통 봄이나 가을 추수가 끝난 뒤에 치른다. 여름에 죽은 사람은 높은 기둥 위 초가집에 임시로 모셔 둔다. 상여꾼들은 노래하고 춤추며, 유족들은 하늘이 찢어질 듯 운다.

사흘째 되는 날 친지들이 묘에 가서 제사를 지내고 잔치를 벌인다. 묘는 보통 높이 3~6피트(0.9~1.8미터) 되는 작은 봉분이고, 그 주위에 관상수들이 가지런히 심겨 있다. 높은 벼슬아치의 묘는 돌로 둘러싸고 석상들을 세운다. 돌에는 망자의 이름과 지냈던 관직이 새겨진다.

8월 15일에는 무덤의 풀을 베고 쌀을 제물로 바친다. 이는 설을 제외하면 연중 가장 중요한 명절이다. 이곳은 달력을 음력으로 쓰는데, 열두 달인 해가 세 번 지나면 열세 달인 해가 온다. 이 나라에는 무해한 무녀 또는 무당이 있다. 이들은 고인이 평온하게 사망했는지, 적절한 곳에 매장되었는지를 점친다. 그렇지 않다고 판단되면 시신을 발굴하여 다른 곳에 재매장한다. 때로는 시신이 3회까지 이장되기도 한다.

　부모 사망 후 장례를 치르면 장남이 부모의 가옥과 그 외의
것들을 물려받는다. 나머지 재산과 땅, 물건 들은 다른 아들들
이 나눠 갖는다. 딸은 오빠나 남동생이 없어도 받지 못한다. 늙
은 아버지가 여든이 되면 제대로 재산을 관리할 수 없다고 여겨
모든 것을 아들들에게 넘겨야 하지만 자식들에게 극진히 대접받
으며 잘 모셔진다.

민족성

도덕 기준과 관련하여, 조선인들은 소유권 개념에 엄격하지 않으며 거짓말과 사기를 일삼아 신뢰할 수 없다. 타인을 속이는 것을 자랑스럽게 여기고 불명예로 생각하지 않는다. 이 때문에 구매자가 사기를 당한 것이 밝혀지면 말이나 소의 거래를 4개월 후에도 취소할 수 있다. 그러나 토지나 기타 부동산의 매매는 소유권 이전이 완료되지 않은 경우에만 취소 가능하다.

반면 조선인들은 매우 잘 속는다. 우리는 무엇으로든 그들을 속일 수 있었다. 특히 외국과 외국인에 관한 이야기 듣기를 좋아하는 승려들이 그러했다.

한편 조선인들은 매우 겁이 많다. 국왕이 살해되고 다수의 도시와 마을이 파괴된 임진왜란 당시의 행태에 관해 신뢰할 만한 인물들에게서 들은 바에 따르면 그러하다. 얀 얀세 벨테브레이에게 들은 바로는, 청나라가 얼음을 건너와 점령했을 때 침략자와의 전투에서 전사한 수보다 숲에서 목을 맨 병사들이 더 많았다고 한다. 조선인들은 이를 부끄러운 일로 여기지 않는다. 자살한 사람들을 죽음밖에 다른 길이 없었던 불쌍한 이들로 본다.

일본으로 가던 네덜란드, 영국, 포르투갈 배들이 조선 바다에 들어왔을 때가 있었다. 조선 군함이 이 배들을 붙잡으려 했으나, 선원들이 겁에 질려 바지에 오줌을 지리는 바람에 빈손으로 돌아오는 일이 여러 번 있었다.

조선인들은 피를 보지 못한다. 전투 중 부상자가 발생하면 다른 이들은 황급히 전장을 이탈한다. 또한 질병, 특히 전염병을 두려워한다. 중병자가 발생하면 즉시 집에서 내보내 거주 도시나 마을 외곽의 초가 오막살이에 격리한다. 직계가족만이 음식과 음료를 가져다주러 방문한다. 직계가족이 없는 자는 질병 발생 시 이러한 오막살이에 완전히 방치될 위험이 크다. 전염병이 발생하면 발생한 집의 출입구를 가시나무 가지로 막고, 지붕 위에도 가시나무 가지를 올려 표시한다.

무역

조선 영토에 교역소를 보유한 유일한 나라는 일본으로, 부산 동남쪽에 상관*을 운영하고 있다. 이곳에 체류하는 일본인들은 쓰시마섬 출신이다. 이들은 후추, 소목, 백반, 물소 뿔, 사슴 가죽 등 우리와 중국이 일본에서 수입하는 물품들을 반입한다. 또한 북경 및 중국 북부와도 약간의 무역을 한다. 왕복 여정에 3개월이 소요되어 비용이 매우 많이 들기 때문에 거상들만이 이러한 거래를 할 수 있다. 국내 무역에서는 통상 포목을 교역 수단으로 사용한다. 대상인들은 은도 사용하나, 농민과 서민들은 쌀과 곡물을 사용한다.

청나라가 이 나라를 장악하기 전에는 풍요와 활기가 넘치는

---

* 외국인이 경영하는 상점을 이르는 말인데, 당시 부산에 있던 왜관倭館을 말한다.

나라였다. 사람들은 먹고 마시고 유흥을 즐기는 것 외에는 아무것도 하지 않았다. 그러나 현재는 청나라와 일본의 강탈이 너무 심하여 흉년에는 먹을 것이 거의 없다. 특히 연 3회 직접 와서 징수하는 청나라에 대한 조공이 나라 경제에 큰 부담을 주고 있다.

조선인들은 세계에 12개의 국가 또는 왕국만 존재하며, 이들은 모두 한때 중국 황제에게 종속되어 조공을 바쳤으나 청나라가 정복하지 못했기 때문에 모두 독립했다고 믿는다. 그들은 청나라를 티케세(태국사)*와 오란카이(오랑캐)라 칭한다. 우리나라인 네덜란드는 남반국(남만국)이라 부르는데, 이는 일본이 포르투갈에 붙인 명칭이다. 우리가 포르투갈인과 같아 보이기 때문에 조선인들도 동일한 명칭을 사용한다. 약 50년 전 일본인들이 담배 재배법을 가르치러 왔을 때 이 명칭을 배웠다. 일본인들은 담배 종자가 남만국에서 왔다고 주장했다. 이 때문에 조선인들은 통상 담배를 '남반코이(남만초)'라고 부른다. 이 나라에서는 남녀 모두 흡연을 많이 하며, 어린 나이에 시작한다. 4세 유아가 담배를 피우는 것을 여러 차례 목격했다.

---

* 원문에는 'Tiekese'라고 되어 있는데, 중국인을 일컬을 때 쓰는 '대국사람'이란 말의 변형인 '태국사'가 아닐까 싶다. 또다른 해석은 중국을 '뙤국'이라 하여 중국인을 일컬을 때 쓰는 '뙤국 사람'이라는 것과 중국 사신을 일컫는 '칙사'라는 해석도 있다.

그들의 고서에는 세계에 총 84,000개국이 존재한다고 기록되어 있다. 조선인들은 이를 허구로 간주한다. 이 숫자는 84,000개 나라의 작은 섬과 바위, 암초를 다 포함한 것이어야 하며, 태양이 24시간 이내에 이 모든 국가를 비추는 것은 불가능하다고 말한다. 우리가 다수의 나라 이름을 언급하자, 웃으며 그것은 도시와 마을의 이름이라고 했다. 그들의 지도에는 시암(태국)까지만 표시되어 있기 때문이다.

이 나라는 자체적으로 필요한 것을 자급할 수 있다. 쌀과 곡물이 풍부하며, 면화, 삼, 아마포도 생산한다. 누에가 많으나, 비단실을 충분히 뽑아 최고 품질의 직물을 짜는 기술은 부족하다.

또한 땅에서 은, 철, 납이 산출되며, 산악지대에서는 다양한 모피와 인삼을 채취한다. 약초도 많으나, 일반 백성에게는 활용이 제한적이다. 가난하여 의원을 찾기 어렵기 때문에, 병이 나면 점쟁이나 무당을 찾는다. 이들은 보통 산, 강가, 바위에 제물을 바쳐 신에게 도움을 청하라고 조언한다. 때때로 악귀를 불러들이는 의식도 있었지만, 이는 1662년 왕이 금지한 이후로 많이 줄었다.

도량형과 화폐

이 나라는 전국적으로 통일된 도량형 제도를 사용한다. 그러나 소상인과 행상들은 종종 부정확한 저울과 자를 사용한다. 각 지방에서 엄격한 단속을 시행하고 있으나, 위조된 도량형을 통한 속임수는 완전히 사라지지 않는다. 화폐로는 엽전만 쓰는데, 중국 국경 인근 지역에서만 통용된다. 그들은 다양한 중량의 은을 지불 수단으로 사용한다. 이는 일본과 비슷하다.

동물들

조선에는 말과 소가 많이 있다. 말은 사람과 물자의 운송에 사용되며, 소는 수소와 암소 모두 쟁기질에 이용된다. 이 나라의 북부에는 호랑이가 서식하며, 그 가죽은 중국과 일본으로 수출된다. 이 밖에도 곰, 사슴, 돼지, 멧돼지, 개, 고양이, 여러 종류의 뱀 등이 있다. 또한 백조, 거위, 닭, 황새, 왜가리, 두루미, 독수리, 매, 까치, 까마귀, 뻐꾸기, 비둘기, 도요새, 꿩, 종달새, 되새류, 딱새류, 댕기물떼새, 개구리매 등 다양한 새들이 서식한다.

문자와 인쇄술

조선어는 배우기 어려우며, 다른 어떤 언어와도 닮지 않았다. 발음도 지역과 신분에 따라 차이가 있다. 양반과 학자들은 보통 느리게 말하고, 소상인들은 매우 빠르게 말한다. 일반 백성은 그 중간 정도의 속도로 말한다. 문자는 세 가지 방식으로 쓰인다. 첫째, 책을 인쇄하는 데 사용하는 글자로 중국, 일본의 문자와 비슷하다. 둘째는 우리의 문자와 더 비슷한 형태로, 지방관 등 고위 관리들이 상소문에 답하거나 서로 공문을 주고받을 때 사용한다. 일반 백성은 이를 읽지 못한다. 셋째는 여성과 평민들이 사용하는 글자로 매우 배우기 쉽고, 작은 붓이나 연필로 간단히 적을 수 있다.

조선인들은 매우 오래된 책들을 많이 가지고 있으며, 인쇄본도 있고 필사본도 있다. 이들을 매우 소중히 여기며, 왕의 형제가 이를 감독한다. 여러 도시와 성에 책의 사본과 목판을 보관하여 화재가 나더라도 완전히 소실되지 않도록 한다. 책력* 같은 것은 중국에서 제작되는데, 조선에는 이를 만드는 기술이 없기 때문이다. 책 인쇄는 목판을 사용하며, 한 장의 종이 양면에 각각 한 개씩의 목판을 대고 찍어낸다.

---

* 일 년 동안의 월일, 해와 달의 운행, 월식과 일식, 절기, 특별한 기상 변동 따위를 날의 순서에 따라 적은 책.

산술

조선인들은 나뭇가지를 사용해 계산을 한다. 부기簿記에 대한 지식은 없다. 물건을 살 때는 지불한 금액을 적고, 그 아래에 판매한 금액을 적는다. 두 금액의 차이를 계산하여 얼마의 이익 또는 손해가 났는지 판단한다.

왕의 행차

국왕이 행차할 때는 궁정의 신료들이 그를 에워싼다. 이들은 앞뒤에 문장과 상징이 수놓인 검은 비단옷을 입고, 그 위에 넓은 띠를 두른다. 행렬의 맨 앞에는 많은 깃발과 악기를 든 기마병과 보병이 서며, 그들은 왕에게서 하사품을 받고 가장 화려한 복장을 갖춰 입는다. 그 뒤로는 도성과 지방의 중요 인물 가운데 선발된 왕의 근위대가 따른다. 그 중앙에는 아름답게 장식되고 도금된 가마에 왕이 탄다. 왕이 지나가면 말발굽 소리와 군사들의 발걸음 소리만 들릴 정도로 주변은 고요해진다.

왕 바로 앞에는 승지나 다른 고위 관리가 말을 탄 채로 있으며, 그는 백성이 대나무 막대에 달아 전달하는 청원서를 넣는 작은 상자를 들고 있다. 국왕이 지나가는 길가 벽에도 청원서가 붙어 있다. 이 청원서들은 정부나 다른 사람들에게 받은 부당한

처사, 친구나 친척에게 내려진 형벌 등 다양한 사안을 다룬다. 국왕이 궁궐로 돌아가면 승지가 이 작은 상자를 전달하고, 국왕은 최종적이고 취소 불가능한 판결을 내린다. 이 판결은 즉시 집행된다.

국왕이 지나는 거리는 양 끝이 모두 차단되며, 누구도 문이나 창문을 열거나 담장이나 울타리를 넘어 볼 수 없다. 국왕이 지나가는 곳에 있는 고위층과 병사는 등을 돌리고 서 있어야 하며, 돌아보거나 기침하는 것도 금지된다. 그래서 병사들은 말에게 물리는 재갈처럼 입에 막대를 물고 아무 소리도 내지 않으려 한다.

청나라 사신의 방문

청나라 사신이 방문하면, 왕은 모든 대신을 이끌고 직접 나아가 예를 다해 맞이한다. 왕은 사신을 숙소까지 직접 안내하며, 이때 음악이 연주되고 광대들은 재주를 부린다. 실제로 행차 과정에서 사신이 왕보다 더 큰 예우를 받는 듯한 모습도 보인다.

사신을 수행하는 행렬에는 오래된 공예품들도 함께 실려 나온다. 또한 사신이 머무는 동안에는 그의 거처에서 궁궐까지 이어지는 길이 모두 병사들로 봉쇄된다. 병사들은 두세 길 간격으로 길게 늘어서 배치된다. 사신의 숙소에는 국왕에게 전달되는 문서만을 전달하는 병사가 두세 명 따로 배치되어, 왕이 사신의 움직임을 실시간으로 알 수 있게 한다. 조선은 사신이 북경의 황제에게 호의적인 보고를 올릴 수 있도록, 그가 머무는 동안 가능한 모든 정성을 다해 대접한다.

1630년 네덜란드 호르쿰 시에서 태어나다.

1650년 11월 6일, 동인도회사의 직원이 되어, 네덜란드 텍셀 항구를 출발
하여 바타비아(지금의 인도네시아 자카르타)로 가는 배에 승선하다.

1651년 7월 4일, 바타비아 항에 도착하다.

1653년 6월 18일, 서기로서 스페르베르호에 승선해 바타비아를 떠나 포
모사(지금의 타이완)를 거쳐 일본까지 가는 항해를 떠나다. 7월
16일, 포모사에 도착해서 짐을 풀고, 같은 달 30일에 다시 일본으
로 떠나다.

1653년 8월 16일, 일본으로 가던 중 태풍을 만나 배는 난파되고, 살아남
은 선원 36명이 제주도에 표류하다.

1654년 5월 초, 첫 번째 탈출에 실패하고, 동료들과 함께 서울로 압송되어
효종을 알현하다.(8월)

1655년 3월, 하멜의 동료 중 2명이 조선에 온 청나라 사신을 통해 탈출을
시도하다 붙잡히다. 나중에야 이들의 사망 소식을 듣게 된다.

1656년 3월, 서울에서 전라도 영암 병영으로 유배되다.

1657~1661년 관청에서 마련해 준 거처에서 고된 노동을 하며 생활하다.

1663년 3월, 3년째 지속된 가뭄 때문에 하멜 일행이 한곳에 같이 있지 못
하고, 12명은 전라좌수영(여수)으로, 5명은 순천으로, 5명은 남원
으로 흩어지다.

1663~5년   지방관의 교체에 따라 천국과 지옥을 오가는 생활을 하다.

1666년   9월 4일, 드디어 배를 구해 조선에서 탈출하여, 9월 14일에 일본 나가사키 데지마섬의 네덜란드 상관에 도착하다. 조선에 남아 있던 일행들도 나중 조선과 일본의 협상으로 일본으로 오게 된다.

1668년   7월 20일, 네덜란드로 귀국하다.

1670년   8월, 조선에 잡혀 있는 동안 받지 못한 임금에 대한 지불을 요구하다.

1692년   2월 12일, 네덜란드에서 사망하다.

하멜 표류기

초판 1쇄 인쇄 2026년 2월 23일
초판 1쇄 발행 2026년 3월 2일

지은이 헨드릭 하멜
옮긴이 최유경
펴낸이 이효원
편집인 노현주
디자인 기린
펴낸곳 올리버
출판등록 제395-2022-000125호
주소 경기도 고양시 덕양구 삼송로 222, 101동 305호(삼송동, 현대헤리엇)
전화 070-8279-7311   **팩스** 02-6008-0834
전자우편 tcbook@naver.com

ISBN 979-11-94381-84-6 04080
　　　979-11-89550-89-9 (세트)

올리버 세계교양전집 목록